U0726781

基于大数据的企业管理创新与风险控制研究

李梅泉 著

北京工业大学出版社

图书在版编目（CIP）数据

基于大数据的企业管理创新与风险控制研究 / 李梅泉著. — 北京 ：北京工业大学出版社，2021.4
ISBN 978-7-5639-7941-7

Ⅰ. ①基… Ⅱ. ①李… Ⅲ. ①企业管理－创新管理－研究②企业管理－风险管理－研究 Ⅳ. ①F273.1 ②F272.3

中国版本图书馆 CIP 数据核字（2021）第 081834 号

基于大数据的企业管理创新与风险控制研究
JIYU DASHUJU DE QIYE GUANLI CHUANGXIN YU FENGXIAN KONGZHI YANJIU

著　　者：李梅泉
责任编辑：吴秋明
封面设计：知更壹点
出版发行：北京工业大学出版社
（北京市朝阳区平乐园 100 号　邮编：100124）
010-67391722（传真）　bgdcbs@sina.com
经销单位：全国各地新华书店
承印单位：天津和萱印刷有限公司
开　　本：710 毫米 ×1000 毫米　1/16
印　　张：12.25
字　　数：245 千字
版　　次：2022 年 1 月第 1 版
印　　次：2022 年 1 月第 1 次印刷
标准书号：ISBN 978-7-5639-7941-7
定　　价：78.00 元

版权所有　翻印必究

（如发现印装质量问题，请寄本社发行部调换 010-67391106）

作者简介

李梅泉，女，出生于1981年1月，安徽省芜湖市人，毕业于江南大学，硕士研究生学历，在读博士，现任无锡职业技术学院讲师，中级经济师。研究方向：企业管理，财务管理。主持并完成江苏省教育厅课题一项，发表论文十余篇。

前　言

当前，随着新一代信息技术的迅猛发展，一个大规模产生、分享和应用数据的时代已经到来，大数据成为基础性战略资源，蕴藏着巨大的潜力和能量。

大数据时代，海量的数据信息为企业管理及风险控制提供了丰富的参考依据，更新了企业管理环境。随着数据规模的不断扩大，以及数据关系的日益复杂化，企业必须积极适应时代发展的趋势，提高企业管理水平，对风险进行科学把控，这是企业在激烈的市场竞争中占据优势的关键。对大数据进行处理、分析及整合成为提升企业核心竞争力的有效方式。

全书共六章。第一章为大数据概述，讲述了大数据的基本概念及发展历程、大数据的特征及价值、大数据带来的机遇与挑战以及大数据的发展趋势、目标及意义等内容；第二章为大数据与企业变革，讲述了传统企业的变革点、大数据的企业价值所在、大数据时代下的企业如何生存以及大数据决定企业竞争力等内容；第三章为企业管理概述，讲述了企业管理的相关概念、企业管理的基本理论及其发展、传统企业管理现状及策略以及企业管理创新的作用和必要性等内容；第四章为大数据时代企业管理的创新发展，讲述了大数据时代企业管理面临的挑战与机遇、大数据时代企业管理创新方式、大数据时代企业管理模式的创新以及大数据时代企业管理创新的必要性及路径等内容；第五章为企业风险控制概述，讲述了企业风险控制的相关概念及理论、企业风险控制的目标及重要意义、企业风险控制的主要特征及方法、企业风险控制面临的问题及其解决对策以及构建企业风险控制体系的主要途径等内容；第六章为大数据时代企业风险控制，讲述了大数据时代企业风险控制的流程及特点、大数据时代企业信息安全与会计信息化风险控制、大数据时代的互联网金融企业风险控制等内容。

本书深入探讨了企业如何更好地利用数据更新管理模式、控制风险的问题，阐释了大数据的概念、大数据对企业的影响等内容，提出了企业管理创新和风险控制的新思路、新方法，对如何推进大数据在企业管理和风险控制中的运用提出意见，旨在指导企业结合自身的实际情况应用大数据。这对企业正确制订发展计划与合理安排资源有重要的意义。

由于笔者水平有限，加之时间仓促，书中难免会有疏漏和不足之处，敬请广大读者批评指正。

目 录

第一章　大数据概述

数字的产生已有数千年历史，数字汇总在一起就成为数据，通过对数据的分析我们又能够获得信息。这些都与大数据相关，但也都与大数据不同。大数据并不是一个充斥着算法和机器的冰冷世界，人类的作用依然无法被完全代替。大数据为我们打开了一道门，它提供的不是最终的答案，而只是参考答案，帮助我们是暂时的，而更加美好的方法和答案在不久的未来。

第一节　大数据的基本概念及发展历程

一、大数据的基本概念

大数据（Big Data）最初的主要用途是描述需同时进行批量处理或分析的大量数据集。随着大数据的不断发展，海量的数据信息存储已经不再重要，重要的是提取有价值的数据，并利用分析技术处理、挖掘数据的潜在价值。维克托·迈尔－舍恩伯格（Viktor Mayer-Schönberger）、肯尼思·库克耶（Kenneth Cukier）编写的《大数据时代：生活、工作与思维的大变革》（*Big data*：*a revolution that will transform how we live*，*work and think*）一书中指出，大数据是以“一种前所未有的方式，通过对海量数据进行分析，获得有巨大价值的产品和服务，或深刻的洞见”。社会各个领域的数据都在疯狂增长，对大数据处理技术和数据收集速度的要求越来越高。因此，美国互联网数据中心将大数据定义为：通过高速捕捉、发现、分析，从大容量数据中获取价值的一种新的技术架构。麦肯锡是美国著名的咨询公司，它是最先研究大数据的企业。在其报告《大数据：下一个创新、竞争和生产力的前沿》（*Big data*：*the next frontier for innovation*，*competition*，*and productivity*）中给出的定义是：大数据指的是大小超出常规的数据库工具获取、存储、管理和分析能力的数据集。该报告同时强调，并不是一定要超过特定 TB 值的数据集才能算是大数据。维基百科指出：巨量资料，或称大数据，指的是所涉及的资料量规模巨大到无法通过目前的主流软件工具在合理的时间内达到撷取管理处理并整理成为帮助企业经营决策更积极目的的资讯。

每位学者对大数据概念的理解都不一样，本书分析大数据的含义从宏观和微观两个方面入手。微观层面，大数据是一个抽象并且新兴的概念，每个人对大数据都有不同的理解，这取决于作者的态度和学科背景，看它的维度不一样，给出的定义也就不一样。朱建平和李秋雅在《大数据对大学教学的影响》一文中对大数据的定义为：大数据指那些超过传统数据系统处理能力、超越经典统计思想研究范围、不借用网络无法用主流软件工具及技术进行单机分析的复杂数据的集合。对于这一数据集合，在一定的条件下和合理的时间内，我们可以通过现代计算机技术和创新统计方法，有目的地进行设计、管理、分析，揭示隐藏在其中的有价值的模式和知识。

从宏观层面说，大数据出现时间很早，在国外发展的前景比较广阔，而在中国的发展相对比较缓慢，近些年才引起人们的重视。推动大数据发展的第一个原因是人们在网上生产的数据量越来越多，为了及时处理和存储这些数据，需要计算机专业的人才快速处理这些即时数据。大数据快速发展的第二个原因是科技的进步使得人们的存储技术越来越高，以前存储数据基本放在硬盘、便携式 U 盘等中，企业单位存储的数据越多，需要的硬盘容量越大，成本自然就会提高；现在普及的云端存储，个人或企业单位都拥有自己的云端，这些云端是一个虚拟的存储空间，而且存储空间无限大，成本也不会增加。第三个原因是企业挖掘大数据的潜在价值有利于为商家赚取更多利润，在这样的驱动下大数据得到了快速发展，就像有人定义的大数据那样，它能给各行各业带来大利润。

本书对大数据的定义是：对海量的全部数据通过收集、存储和分析，从中发现规律并在此基础上预测事物的未来发展，从而不断提高技术水平来服务实践。

二、大数据的发展历程

从大数据概念的起源到发展演变，人类对大数据的探索经历了大数据突破时期、成熟时期以及完善发展时期三个阶段。

（一）突破时期（2000—2006 年）

进入 21 世纪初期，大数据一词已被明确定义下来，这一时期，社交网络开始建立，大量的非结构化数据开始爆发。由于传统的结构化数据易于处理，非结构化数据的出现使人类开启了对非结构化数据的研究探索处理时代。在大数据处理技术上，这一时期的主要关键词有“系统”（Systems）、“网络”（Networks）、“演化”（Evolution）等。这一时期的大数据聚焦在企业界、学术界，但是还未形成对数据处理系统、数据库架构的共识。

2000 年，彼得·莱曼与哈尔·瓦里安在加州大学伯克利分校网站上发布了一项研究成果《信息知多少？》。这是在计算机存储方面第一个综合性地量化研究世界上每年产生并存储在四种物理媒体：纸张、胶卷、光盘（CD 与 DVD）和磁盘中的以及原始信息（不包括备份）总量的成果。研究发现，1999 年，世界上产生了 1.5 EB 独一无二的信息，或者说是为地球上每个男人、每个女人以及每个孩子产生了 250 MB 信息。研究同时发现，大量唯一的信息是由个人创造和存储的（被称为“数字民主化”），数字信息产品不仅数量庞大，而且以最快的速度增长。这项发现被称为“数字统治”。莱曼和瓦里安指出，即使在今天，大多数文本信息都是以数字形式产生的，在几年之内，图像也将如此。2003 年，莱曼与瓦里安公布了最新研究成果：2002 年世界上大约产生了 5 EB 新信息，92% 的新信息存储在磁性介质上，其中大多数存储在磁盘中。

2001 年 2 月，梅塔集团分析师道格·莱尼发布了一份研究报告，题为《3D 数据管理：控制数据容量、处理速度及数据种类》。十年后，“3V”作为定义大数据的三个维度而被广泛接受。

2005 年 9 月，蒂姆·奥莱利发表了《什么是 Web 2.0》一文，在文中，他断言：“数据将是下一项技术核心。”奥莱利指出：“正如哈尔·瓦里安在去年的一次私人谈话中所说的，‘结构化查询语言是一种新的超文本链接标示语言’。数据库管理是 Web 2.0 公司的核心竞争力，以至我们有些时候将这些应用称为‘讯件’，而不仅仅是软件。”

（二）成熟时期（2006—2009 年）

历史在不断进步，人类对大数据的研究不断深入。大数据发展的形成时期主要体现在：互联网、信息技术、物联网也在这一时期得到了快速发展，数据源源不断地以海量的形式产生，大数据处理的技术如“性能”“云计算”“大规模数据集并行运算算法”“开源分布式系统基础架构”等形成。大数据的辐射应用范围也从最初的商业和学术领域开始大幅度、大规模地向人类社会和自然科学领域扩散。

2008 年，英国的《自然》杂志 9 月刊收集了大数据在信息技术、自然科学以及社会生活等各个领域中的研究文献，评价了大数据的发展为这些领域所带来的创新思维、工作、生活的变革，分析了大数据为科学技术领域的发展所带来的机遇和存在的威胁。该杂志 9 月刊的发行引起了社会各界的关注，人们对大数据的研究和探讨热情一时间空前高涨。

2009 年 4 月，美国政府开始设置以公开政府数据为平台的政府数据网站，尽管开放此网站最初是为了打造“阳光透明型”政府，但也在一定程度上打造了跨部门数据资源共享共用格局，发挥了向公众共享政府公共数据的意义。

（三）完善发展时期（2010 年至今）

从 2010 年发展至今，智能终端的普及、互联网的日臻完善、物联网的广泛应用、社交网站的迅猛发展，每天都会有海量的数据产生。这一时期大数据的发展体现在大数据的技术领域和行业边界逐渐变得模糊不定，处理大数据的技术和创新日益完善。大数据的渗透范围更宽更广，成为各行各业颠覆性创新的原动力和助推器。

2010 年 2 月，在欧美《经济学人》（*The Economist*）杂志中，一篇名为“The Data Deluge”的文章所谈论的内容经常在欧美各界以大数据为主题的论坛、报告、会议中出现，该文章从内容上最先系统地阐述了在新时期如何处理海量数据这一问题。自该刊发行以后，该文章的题名“The Data Deluge”便被世人以“海量数据”进行译解，大数据一词初现雏形。同年，在《自然》杂志及其姐妹期刊中，也开始大量地打造关于数据处理专栏，该专栏除了探讨研究大数据所波及的行业领域发展现状、发展前景和存在的问题外，还讨论了如何从技术上更进一步地挖掘大数据的潜在价值。

2011 年 5 月，全球最著名的管理咨询公司麦肯锡举办了主题为《大数据：下一个创新、竞争和生产力的前沿》的全球年度 EMC 会议。在此次的会议报告中，麦肯锡公司首次提出了大数据这一概念，并首次认为其与生产要素等价值，这意味着，大数据作为一种新的生产要素，将会在生产领域和消费领域带来新的理念、方法和思维。

2012 年，高德纳在其发布的 2011 年大数据支出报告中指出，2011 年，在全球范围内所发生的大数据相关支出金额已经达到 960 亿美金，在大数据发展过程中伴随的信息技术、数据处理技术对大数据的发展具有关键性的作用。

2012 年，世界经济论坛发布了题名为《大数据大影响：国际发展新的可能性》的报告，该报告详细地阐述了大数据在金融、教育、健康、交通等多个领域所起的重大作用以及所带来的新的机遇和挑战，重在说明大数据所产生的经济效益不可小觑。同年3月，美国奥巴马政府在白宫网站发布了主题为“大数据大事业”的《大数据研究和发展倡议》，在倡议中，明确表示要投资大量的资金在大数据上，通过海量而纷繁复杂的数据信息资料，从中获取知识信息，提升工作效率，并在科学、工程、环境等领域获取重大突破。

2013年，舍恩伯格、库克耶二人在其著作《大数据时代：生活、工作与思维的大变革》中讲述了大数据在生活、工作和思维中所带来的新型变革。同时具有前瞻性地指出在大数据时代，人们不需要关注事物间的因果关系，而需更加重视事物间的联系与发展，对人类认识世界的方法论提出了新的思考。该书的出版再一次引起了人们对大数据的宣传推广，大数据概念开始风靡全球。

2013年5月，麦肯锡全球研究所发布了一份名为《颠覆性技术：技术进步改变生活、商业和全球经济》的研究报告。该报告认为，大数据是未来改变生活、商业和全球经济的12种新兴技术（包括移动互联网、知识工作自动化、物联网、云计算等）的基石，这些技术的发展都离不开大数据。大数据的发展对这些技术所能产生的经济效益具有基础性的作用。

2014年5月，美国白宫发布的关于大数据的《大数据：抓住机遇、保存价值》报告，明确了大数据对社会进步的重要性，特别强调现有的机构与市场是以独立的方式来支持推动这种区域的发展的。同年，世界经济论坛也相应发布了《全球信息技术报告（第13版）》，该报告显示，数据与人们的生活息息相关，如何加强对数据的保护，如何有效地管理网络需进一步讨论。随着大数据趋势的蔓延，各种产业技术的进步，运用的革新，各当局意识到了大数据对经济发展，对人民生活，对各种服务业，甚至关系到国家安全都有相对的重要性。

2015年，国务院正式印发《促进大数据发展行动纲要》，此纲要明确了要推动大数据的发展和应用。

2016年，大数据产业“十三五”发展规划已征求了专家意见，并进行了集中讨论和修改，规划作为引领数据处理技术时代的指导性文件，涉及内容包括推动大数据在工业研发、制造、产业链全流程各环节的应用，支持服务业利用大数据建立品牌、精准营销和定制服务等。

第二节 大数据的特征及价值

一、大数据的特征

（一）数量大

数量大是大数据的基本特征。据统计，2011 年全球数据总量为 8 ZB=1.8 万亿 GB，2020 年这一数据增长到 40 ZB。大数据迅速增长，首先是互联网的广泛应用，上网的个人、企业、组织越来越多，加之各种便携式设备、存储技术的发展，人们每时每刻发的短信、微博、微信、照片、视频等都是数据。这些数据被其他用户通过网络很方便地获取到，点击用户越多，生成的数据就越快越多。其次是各种自动化机器设备、监测设备的大数据获取能力在大幅度提高，使得人们获取的数据具有一定的真实性，而且描述同一事物的数据从多方面获取，数据量随之增加。如现在的微博可以发动态图、制作小视频等，这些人们感兴趣，点击率就高，产生的数据也就大。可以说数据维度越来越高，描述能力也就越来越强，数据量就随之剧增。数据的大量化还表现在人们对待大数据的方法和观念方面。传统研究方式是采取样本，再对样本进行分析，然后概括总结得出结论。这种方式对数据的要求低，只要少量数据就可以分析出想要的结论，而随着互联网技术的发展，人们用少量数据已经不能分析总体样貌，得出的结论也不完全客观，急需更多或者全部数据来分析事物本身，所以就使得数据量明显增多。

全球每年都会产生海量数据，截至 2020 年，全球每年所产生的数据总量如图 1-1 所示。

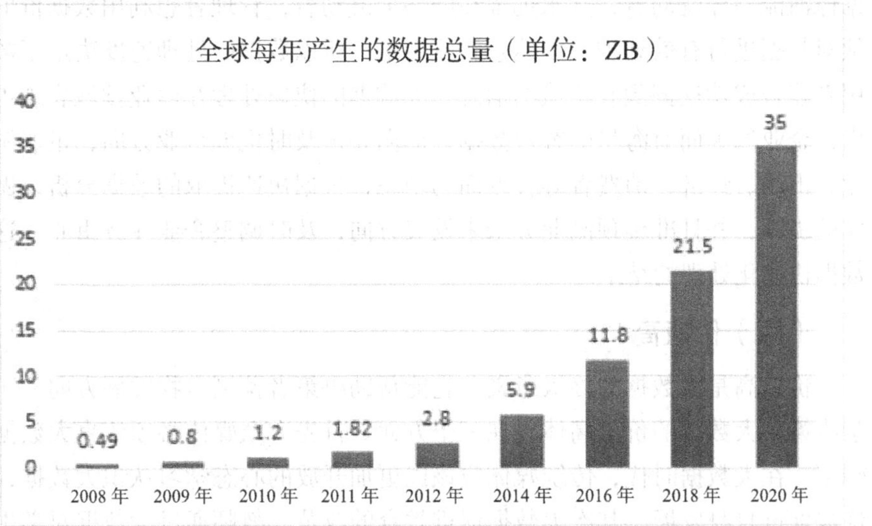

图 1-1　历年来全球数据总量

（二）多样化

大数据的重要特征之一是格式、来源多样化，以往数据都是事先定义好结构，在结构中输入收集到的数据，然后用二维表结构存放在数据库中，当增加新数据时，通过格式的统一就可以不用再定义了，直接放入数据库，将数据存储好，将来就能很方便地处理和查询，如常用的 Excel 软件所处理的数据。然而，随着智能手机终端设备的出现和物联网的快速发展，手机代替计算机能随时随地上网，只要上网人们就可以跟别人聊天，获取新闻资讯，发送电子邮件，微博互动等，在这一过程中就会产生各种类型的数据，包含结构化、半结构化和非结构化等数据，这些数据没有统一的格式，涵盖了 TXT、音频、图片、视频等不同的类型，增大了数据的存储和处理难度。而且随着经济的发展，各行业都会在隐秘的地方安装监视器，它们每天也在产生大量的数据。这些数据已经成为现在的主流数据，并且在秒速增长。数据结构多样化，来源多种多样，可以来自组织内部运作的各个环节，也可来自组织外部，不断激增的数据正在改变着我们的生活。

（三）速度快

大数据产生的速度快，所以也要求处理速度很快，由于数据以爆发式增长，数据的不断更新，也要求数据处理技术不断提高，以提取有用数据。同时，数据像河流一样流动着，其永远都在网络上流动着，管理者想利用数据价值就必须对数据进行有效处理，不然它就流走了，所以数据的处理速度决定了数据使用者能否成功挖掘到有价值的信息。大数据的快速处理在商业领域表现得很突出，企业每天面对海量的客户数据，他们必须及时把握行业方向，迅速洞察产业、市场、经济、消费者等各方面的动态，根据快速提取的数据分析，做出相应的决策，并且准确预测业务未来发展方向，及时调整企业业务重心，这就是数据快速化处理的结果。

（四）价值高

价值高是大数据的终极意义，它能帮助决策者预测事物发展方向，实现科学决策。大数据的价值高体现在三个方面。首先大众媒体必须依靠大数据成功转型。在大数据时代，传统媒体应该以更加开放的心态学习认识大数据，抓住优势促进自身发展。其次大数据促进教育的改革，教师通过大数据对学生数据进行全面和及时的采集，关注学生在日常生活和学习中的动态，并且采集过程是在学生不知情的情况下进行的，学生的真实情况能被反映出来，对于有价值的数据，教师利用大数据技术准确预测学生行为，从而有效提高教学质量。最后大数据的价值在于改变着社会服务。对于医疗服务而言，医疗机构通过大数据整合分析各种病情，准确掌握患者健康情况；对于日常生活服务而言，大数据促进电子商务的转型，如“饿了么”“美团外卖”等服务影响着人们的饮食，“优步”打车软件的出现方便了人们的出行。总之，为了实现大数据的价值化，我们必须存储足够的有用信息，提高大数据的价值密度，精确预测未来可能发生的事情。

二、大数据的价值

趋势科技创办人张明正说过：能源和科技是人类社会过去 200 年来进步的源头，而现今的数据正是当年的“石油”。过去谁能够掌握石油，谁就能雄霸一方；未来谁能够掌握数据，谁就是世界的老大。

因此，如何将数据这未经处理的“原油”，提炼成有经济价值的“石油”，是大家所共同关注的。图 1-2 为企业数据价值精炼金字塔，说明了企业如何将数据一路由下往上精炼的过程：数据（Data）→信息（Information）→知识（Knowledge）→洞见（Insight）→行动（Action）。

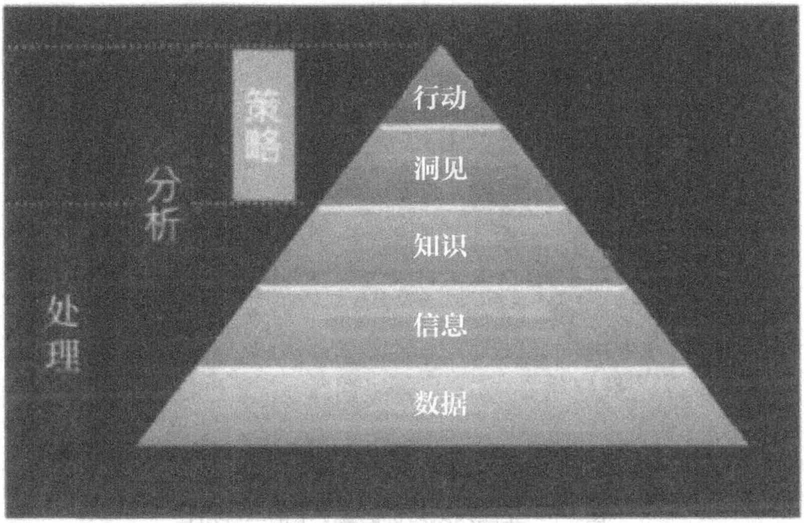

图 1-2 企业数据价值精炼金字塔

在企业数据价值精炼金字塔中，越往塔的高处爬，就越难处理及分析，但相对地，其数据可以转换的价值却越高。目前 IT 系统对数据分析后的行动，大部分还停留在“决策支持”方面，从企业运作的角度，这很容易理解，因为决策需要考虑的面向太广。除非从数据搜集到价值转换行动可以端到端一线自动化完成。因此，像电子商务这种基于浏览者行为的精准推荐，是难得的一气呵成实例。

当大数据撞击金字塔，最底层的数据变成大数据时，企业面临的挑战包括：金字塔最底层的数据范畴变广了，从结构化的企业数据仓库扩大到半结构化与非结构化数据。精炼的过程，必须加入像 Hadoop 这样的大数据处理技术对信息与知识的分析，即使模型相同，也需要放入更多的关联、行为、属性、状态、意义，才能求得洞见。所以需要多维、跨界串联。要拟定行动计划所需参考的洞见面向更广了，这是好事但也会是难题。

打造企业大数据价值金字塔的三种角色如图 1-3 所示。①处理：关注知识、信息与数据这三层，是数据的处理者；价值转换重点落在知识。②分析：关注洞见与知识这两层，是数据的探勘者或分析者；价值转换重点落在洞见。③策略：关注行动与洞见这两层，是策略的制定者与计划的执行者；价值转换重点落在行动。

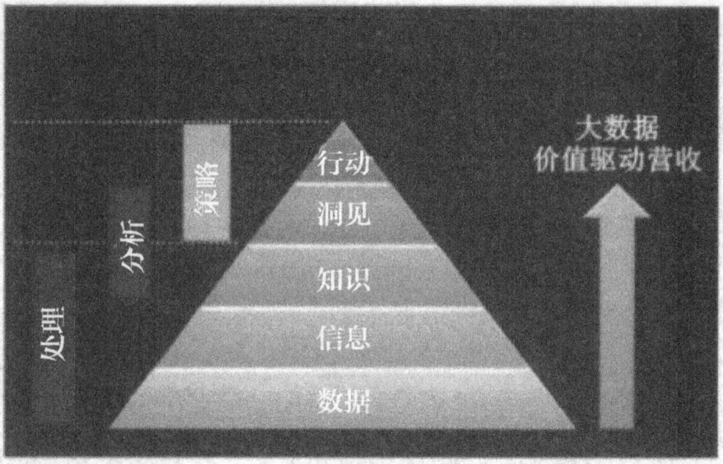

图 1-3　企业大数据价值金字塔的三种角色

由此可以注意到，这三种角色的作业区域两两交叠，这说明了企业价值要得到转换与精炼，就要能整合与流动。图 1-4 来自雷切尔·舒特博士的《下一代数据科学家》，加上三种角色使用的领域，可以清楚地告知我们数据是如何被精炼的。

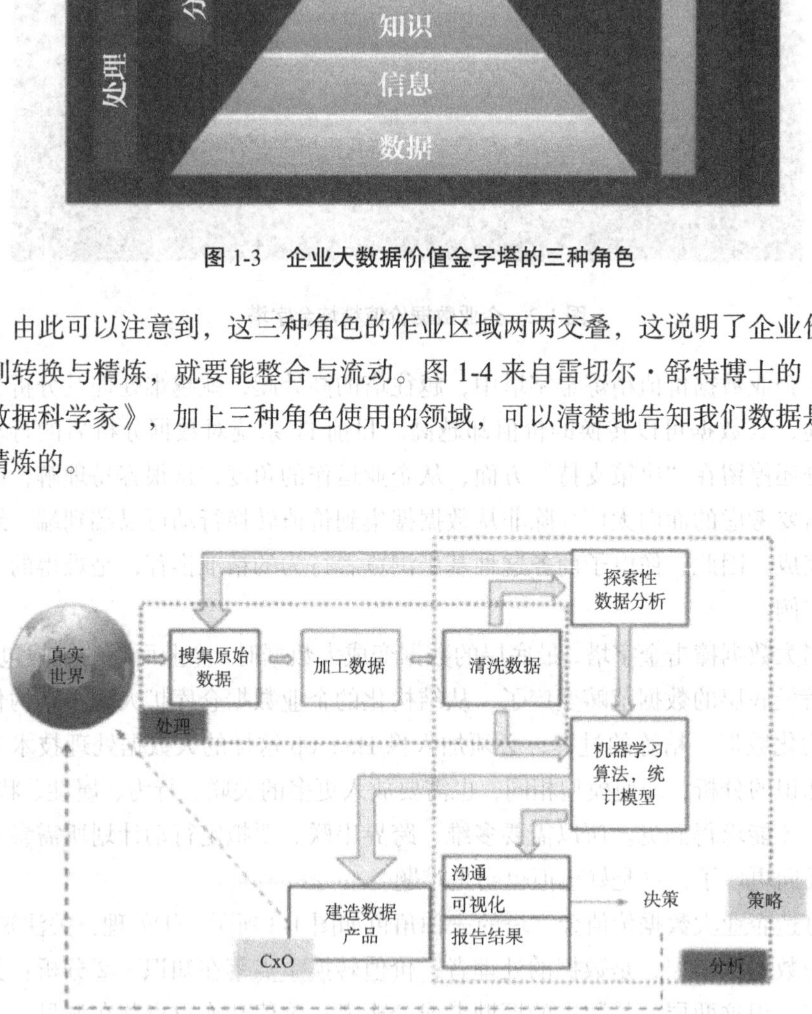

图 1-4　企业数据价值精炼流程与角色对应

如何计算大数据的价值？大数据的价值是与大数据的巨量性和多样性密切相关的。一般来说，数据量越大、多样性越强，其信息量也就越大，获得的知识也就越多，数据能够被挖掘的潜在价值也就越大。但是这些都依赖于大数据的处理和分析方法，否则由于信息和知识密度低，可能造成数据垃圾和信息过剩，失去数据的利用价值。

根据的《大数据时代：生活、工作与思维的大变革》一书，数据的价值将会随着时间的流逝而降低，换句话说，数据的价值与时间是成反比的。因此，处理数据的速度越快，数据价值就越能够更好地获得。大数据的价值也与其所传播和共享的范围有关，使用大数据的人数越多，范围越广，信息所产生的价值也就越大。大数据的价值能够有效地发挥，依赖于大数据的分析及挖掘技术，更好的分析工具和算法能够更有效地获得精准的信息，也更能发挥数据价值。

第三节　大数据带来的机遇与挑战

一、大数据带来的机遇

（一）大数据的挖掘和实际应用

大数据的发展使其在许多领域的应用是其最大的机遇体现，大数据的应用影响着当下的商业模式，大数据拥有高额利润的市场，大数据的应用还能为企业或单位节省大量资金。麦肯锡咨询公司预算，大数据的应用可为美国医疗健康业节省 3000 亿美元，为欧洲政府节省 1000 亿美元。因此大数据的应用前景可谓一片光明。

（二）使云计算、商业智能、信息安全成为“潜力股”

按产品形态，大数据产业链可分为基础软件、应用软件和硬件三个领域。云计算、商业智能和信息安全横跨了这三个领域，未来可能推动此产业链迅速发展，而大数据的发展必将使商业智能向更高级别发展；大数据时代，对数据的安全性标准要求非常高，由此大数据的应用为信息安全也带来了发展机遇。

（三）大数据实现行业融合发展

融合是大数据的价值所在。正如工业化时代商品和交易的快速流通催生大规模制造业发展，大数据时代下信息数据的大量、快速流通将伴随着行业的融合发展，使经济形态发生大范围变化。

在零售行业，对消费历史数据的分析可以使零售商实时掌握市场动态并迅速做出应对。零售企业可以利用电话、Web、电子邮件等所有联络方式对客户的数据进行分析，并结合客户的购物习惯，提供一致的个性化购物体验，以提高客户忠诚度。同时，从微博等社交媒体中挖掘实时数据，再将它们同实际销售信息进行整合，能够为企业提供真正意义上的商业智能。广告精准推送、商品促销策略制定及物流将是大数据在零售行业的主要应用领域。

简言之，大数据与电信、金融、教育、零售、医疗、能源等领域的融合正当时，虚拟环境下，遵循类似摩尔定律原则增长的海量数据，在技术和业务的促进下，使跨领域、跨系统、跨地域的数据共享成为可能，大数据支持着机构业务决策和管理决策的精准性、科学性，以及社会整体层面的业务协同效率的提高。

（四）助推产业转型升级

大数据在各行各业交叉编织，作为一种重要的生产要素，在全球经济中发挥着重要作用。各个产业通过汇集和分析大数据，模式识别和决策优化有助于降低产业生产成本，提高产品和服务质量。大数据产业正成为一个新的经济增长极，促进着各产业的转型升级。

1. 传统农业生产方式向数据驱动的智慧化生产方式转变

先进的生产方式对生产力的发展具有极大的促进作用。“互联网＋农业”战略背景下，以大数据作为发展农业现代化的工具，对我国各地区的地理环境、土壤条件、气候条件、人口分布等多方面综合信息的收集、存储、科研整合利用，对我国农业产业的生产经营决策、农产品的高效流通、农业科研的管理研究等多个方面的效率效能起到大幅度的推进作用，以实现我国的农业由传统的精耕细作向智慧化生产转变。

2. 大数据助力“中国智造”

数据在各个行业领域快速流动，使得大数据作为一种重要的生产资源对工业行业的发展由传统的粗放型向集约型转变。同时，通过对数据的汇集和分析，模式识别和决策优化有助于降低工业生产的生产成本，提高产品质量，创新能力，推进工业行业转型升级。

一方面，大数据的“中国智造”使企业的生产方式由传统规模生产转变为按需生产和规模生产的柔性化生产方式转变。通过对销售客户消费行为对产品的需求、该行业的企业规模、产品销售等巨量数据的收集，以大数据进行建模分析预测，最终实现企业精准寻找目标市场和市场定位、创造利润空间、提升增值服务、降低生产成本。另一方面，工业行业利用大数据进行数据整合分析预测，可以将产品的生命周期、用户反馈等反映到研发、生产、销售环节，形成各个环节在工作中的及时沟通协作。实现研发链、生产链、服务链与价值链快速联动的新态势。

（五）创新商业模式

数据作为一项资产，数据量的爆炸性剧增，数据形态从结构化到非结构化，以及数据与数据之间从互为孤岛到开始产生千丝万缕的关联，这些变化预示着，大数据并不是数据量的简单刻画，也不是特定算法、技术或商业模式的发展，而是基于多源异构、跨域关联的海量数据分析，所产生的决策流程、商业模式、科学范式、生活方式和观念形态上的颠覆性变化的总和。

面对日益增长的大规模数据，如何借助计算机技术来分析数据隐藏的潜在效益，挖掘数据价值，形成以数据为中心的核心竞争力，是目前多数企业亟待解决的关键问题。同时，大数据的深入研究和分析，既可催生出新的商机，也给传统行业指明了新的发展方向。

二、大数据面临的挑战

大数据的迅速发展与大数据技术的不断进步为城市与区域发展提供了前所未有的机遇，但由于大数据的数据来源和数据结构复杂，且技术尚未成熟，利用大数据对城市与区域发展进行研究还面临多方面挑战。这主要表现为大数据共享难以真正实现、基于大数据的理论与方法有待创新、存在伦理与安全隐患等。

（一）大数据共享难以真正实现

虽然我们当前已经步入大数据时代，却依然存在着身处数据洪流难以获取数据的尴尬局面。受技术、成本和体制等方面的限制，只有政府和部分公司有可能广泛收集、大量存储和高速处理大数据，其中政府具有最强大的能力成为大数据的实际掌握者，而其向公民和企业提供可获取的数据又远远不够。另外，无论是大数据驱动型公司（如谷歌、百度和淘宝等）还是非大数据驱动型公司，都把大数据看作重要的商业资产，并没有全面开放数据的意图。我国大数据在城市与区域发展应用的研究中，较为领先的团队获取大数据的途径主要包括政府开放数据（环保、统计等政府网站）、社会开放数据（淘宝交易、公司网页等）、地理开放数据（谷歌地图和百度地图等）、社交媒体数据（新浪微博等）、公交 IC 卡数据、出租车 GPS 数据和手机信令等。多数研究者表示获取数据是最困难的工作，而且很多数据来自网络，价值密度低，真实性和准确性未经证实，质量难以得到保障，数据种类还不够丰富。

（二）基于大数据的理论与方法有待创新

大数据需要大理论，用以改变原来不同专业互相分离的研究方法，我们需要在大数据时代深入思考新理论范式和新研究方法。信息化时代带来了相互关联、类型多样的大量数据，特别是跨专业的数据，这不仅要求我们对更多数据源、数据类型有更广泛的理解，同时需要我们掌握程序、模型和模拟等相关知识。因此，人们必须重新审视原有理论范式是否适应“数据丰富型研究”，思考跨专业的大理论用于指导多专业协同的研究方法。但是，在大数据时代，目前缺乏能够利用大数据技术进行研究的人才，以及大数据采集和处理的平台，在探索大数据的方法上还处于起步阶段。

（三）存在伦理与安全隐患

在大数据时代，社会群体歧视和个人隐私暴露问题会更加突出。首先，数据无法自己说话，它是人类通过设定的程序处理后的产物，不能完全客观地反映事物。观测、分析和创造知识的方法在价值观的影响下带有特定的假设，这些特定假设将产生社会性的影响，存在着数据阴影和数据滥用等问题，会引发对社会群体、公民个人的歧视问题。其次，由于数据收集和分析所需要的技术准备、存储资源、运用成本和编程维护是个人所不能承担的，大数据具有天然的“亲”政府和企业特性，数据权力高度集中，因此，如果滥用大数据，会带来极大的不公平。最后，大数据时代很难隐藏个人隐私。因为大数据具有非常高的精度、非常广的覆盖面和非常丰富的种类，即使刻意删除了数据集中的个体身份，也还是有可能通过算法把分散的数据关联起来，重新识别出个人身份。在社会发展中，需要分析大量公共数据，大数据滥用造成的伦理和安全问题将变得更加突出。

第四节　大数据的发展趋势、目标及意义

一、大数据的发展趋势

作为继移动互联网和云计算后的一大热点关键词，大数据作为一种资源、一种工具，其以后的发展趋势也为各个行业领域所关注。互联网数据中心

（IDC）预测，大数据行业每年以 40% 的速度高速增长，由其发展所引起的相关行业市场规模以每年翻一番的速度扩大。对大数据的话题讨论也逐渐从最初大数据的内涵、特征转移到如何利用、挖掘大数据背后巨大的潜在价值。未来的大数据发展具有哪些趋势，行业领域如何把握新的机遇以实现可持续发展？中国计算机协会大数据专家委员会对 2016 年大数据发展务实进行了一个较为全面、权威的预测。

自 2012 年 10 月中国计算机协会大数据专业委员会成立以来，该委员会都会在每年的 12 月对即将来临的一年的大数据发展趋势进行预测。在 2016 年的大数据发展预测中，经过专家的投票汇总，根据票数汇总情况得出了在 2016 年大数据发展的 10 项预测，预测内容如下。

（一）趋势一：可视化推动大数据平民化

近几年，大数据这一概念逐渐深入人心，大众看到的大数据更多是以可视化的方式呈现的。可视化实际上已经极大地拉近了大数据和普通民众的距离，即使对 IT 技术不了解的普通民众和非技术专业的常规决策者也能够更好地理解大数据及其分析的效果和价值，从而大数据可以从国计、民生两方面充分发挥其价值。

可视化是通过把复杂的数据转化为可以交互的图形，帮助用户更好地理解分析数据对象，发现、洞察其内在规律。数据是人类对客观事物的抽象，人类对数据的理解和掌握是需要经过学习训练才能达到的。理解更为复杂的数据，必须越过更高的认知壁垒，这样才能对客观数据对象建立相应的心理图像，完成认知理解过程。好的可视化能够极大地降低这个认知壁垒，将复杂未知数据的交互探索变得可行。

可视化技术的进步和广泛应用对大数据走向平民来说，意义是双向的。一方面，可视化作为人和数据之间的界面，结合其他数据分析处理技术，为广大使用者提供了强大的理解、分析数据的能力。可视化使得大数据能够被更多人理解、使用。可视化使得大数据的使用者从少数专家扩展到更广泛的大众。另一方面，可视化也为大众提供了方便的工具，人们利用此工具可以主动分析处理与个人工作、生活、环境有关的数据。多年前可视化研究界已经开始讨论为大众服务的可视化。在今天的大数据背景下，可视化将进一步推动大数据平民化。在这一过程中，急需更方便且适合大众使用需要的可视化方法和工具。可视化也将进一步和个人使用的移动通信设备（手机）结合。在这一过程中，将有更多面向大众的大数据可视化公司涌现出来。

（二）趋势二：多学科融合与数据科学的兴起

很多与数据相关的专门实验室、专项研究院所相继出现，《数据学》等专门著作也纷纷出版，数据科学的雏形已经出现。

如图 1-5 所示，大数据并不是简单的“大的数据”。在近年对大数据的阐述中，至少有两种典型的对应提法：一种是指出“小数据”的重要性；另一种是去掉“大”字而强调“数据”本身，强调数据科学、数据技术、数据治理、数据产业等。

	大量	小量
高维	大数据	
低维		小数据

图 1-5　大数据与小数据

大数据技术是多学科的融合，数学和统计学、计算机、管理等学科都有涉及，大数据应用更是与多领域产生了交叉。这种多学科之间的交叉融合，呼唤并催生了专门的基础性学科——数据科学。基础性学科的夯实，将让学科的交叉融合更趋完美。

在大数据领域，许多相关学科从表面上看，研究的方向大不相同，但是从数据的视角看，其实是相通的。随着社会的数字化程度逐步加深，越来越多的学科在数据层面趋于一致，可以采用相似的思想进行统一研究。从事大数据研究的人不仅仅是计算机领域的科学家，也包括数学等方面的科学家。

（三）趋势三：大数据安全与隐私令人忧虑

大数据的安全和隐私问题，一直以来是各行业组织所担忧的问题，这样的担忧至少包括以下三方面。

第一，大数据所受到的威胁也就是常说的安全问题。这里的安全问题并不是指利用大数据进行安全分析的“安全大数据”应用问题，而是指当大数据技术、系统和应用聚集了大量价值的时候，必将成为被攻击的目标。虽然，现在影响巨大的针对大数据的攻击还没有出现，但是可以预见这样的攻击必将发生。

第二，大数据的过度滥用所带来的问题和副作用。其中比较典型的就是个人隐私泄露。在传统采集分析模式下，很多可以保护的隐私在大数据分析能力下变成了“裸奔”，类似的问题还包括大数据分析能力带来的商业秘密泄露和国家机密泄露。

第三，心智和意识上的安全问题。这包括两个极端：一个是忽视安全问题的盲目乐观；另一个是过度担忧所带来的对于大数据应用发展的掣肘。例如，大数据分析对隐私保护的副作用，促使人们必须对隐私保护的接受程度有一个新的认识和调整。

大数据技术作用在业务、威胁、保障措施三个要素之上，分别带来保护大数据、对抗大数据级威胁、大数据用于安全三方面的安全发展空间。

（四）趋势四：新热点融入大数据多样化处理模式

大数据的处理模式更加多样化，Hadoop 不再成为构建大数据平台的必然选择。在应用模式上，大数据处理模式不断丰富，批量处理、流式计算、交互式计算等技术面向不同的需求场景，将持续丰富和发展；在实现技术上，内存计算将继续成为提高大数据处理性能的主要手段，相对传统的硬盘处理方式，在性能上有了显著提升。特别是开源项目 Spark，目前已经被大规模应用于实际业务环境中，并发展成为大数据领域最大的开源社区。Spark 拥有流计算、交互查询、机器学习、图计算等多种计算框架，支持 Java、Scala、Python、R 等语言接口，使得数据使用效率大大提高，吸引了众多开发者和应用厂商的关注。值得说明的是，Spark 系统可以基于 Hadoop 平台构建，也可以不依赖 Hadoop 平台独立运行。

很多新的技术热点持续地融入大数据的多样化模式中，目前不会有一个一统天下的唯一模式。从 2015 年中国大数据技术大会众多技术论坛的安排也可以看到这样的多样化态势。

（五）趋势五：大数据提升社会治理和民生领域应用

基于大数据的社会治理成为业界关注的热点，涉及智慧城市、应急、税收、反恐、农业等多个民生领域。

大数据向来都是应用驱动，技术发力。在最易获得大数据应用成果的互联网环境之后，大数据走进国计民生成为必然。而在 2016 年，与民生有关的应用成为热点。国计与民生并不互斥，涉及民生的国计将是快速发展热点中的热点。如反恐、医疗健康等都与老百姓密切相关，同时也是国家大计。

（六）趋势六：《促进大数据发展行动纲要》驱动产业生态

国务院在 2015 年 8 月 31 日印发了《促进大数据发展行动纲要》。纲要明确指出了大数据的重要意义，即大数据成为推动经济转型发展的新动力、重塑国家竞争优势的新机遇、提升政府治理能力的新途径。纲要还清晰地提出了大数据发展的主要任务：加快政府数据开放共享，推动资源整合，提升治理能力；推动产业创新发展，培育新兴业态，助力经济转型；强化安全保障，提高管理水平，促进健康发展。纲要还提出了组织、法规、市场、标准、财政、人才、国际交流等几方面的政策机制要求。

纲要将对大数据的发展起到重大的推动作用，成为产业快速发展的催化剂和政策标杆，而各个地方政府也会出台类似配套的政策。在中央和地方的政策推动下，政府的大数据专项扶植政策和一些相关政策（如大众创业、万众创新的双创政策）集中出台。

政府牵引产业生态，带动数据共享交换。政府带动的数据共享将成为数据流转的源动力，让数据开放共享、交换交易成为产业生态的新态势，政策让数据流转动起来。国有和民间资本的集中注入，大数据相关的基础设施建设的采购和投入，使政策和市场双重发力，让资金流转动起来。政府牵引的产业生态发展成为大数据发展历程在 2016 年的突出特点。

（七）趋势七：深度分析推动大数据智能应用

在学术技术方面，深度分析会继续成为代表，以推动整个大数据智能的应用。这里谈到的智能，尤其强调涉及人的相关能力延伸，如决策预测、精准推荐等。这些涉及人的思维、影响、理解的延展，都将成为大数据深度分析的关键应用方向。

相比传统机器学习算法，深度学习提出了一种让计算机自动学习产生特征的方法，并将特征学习融入建立模型的过程中，从而减少了人为设计特征引发的不完备。深度学习借助深层次神经网络模型，能够更加智能地提取数据不同层次的特征，对数据进行更加准确、有效的表达。而且训练样本数量越大，深度学习算法相对传统机器学习算法就越有优势。

目前，深度学习已经在容易积累训练样本数据的领域，如图像分类、语音识别、问答系统等应用中获得了重大突破，并取得了成功的商业应用。随着越来越多的行业和领域的逐步完善，数据的采集和存储、深度学习的应用会更加广泛。当然，在分析领域，也并不会是深度学习一统天下的局面。由于大数据应用的复杂性，多种方法的融合将是一个持续的常态。

（八）趋势八：数据权属与数据主权备受关注

数据权属与数据主权被高度关注，从个人和一般机构来看是数据权属问题，从国家层面看是数据主权问题。

大数据凸显了数据的巨大价值。而数据的权属问题并不是传统的财产权、知识产权等可以涵盖的权属问题。数据成为国家之间争夺的资源，数据主权成为网络空间主权的重要形态。数据成为重要的战略资源。人口红利、自然资源、经济实力、文化优势等都体现出数据资源储备和数据服务影响力。而数据资源化、价值化是数据权属问题和数据主权问题的根源。过度关注数据权属，并仿照财产权或知识产权模式对数据增加过多的限制，不利于大数据的发展。在商业层面和科研层面，现阶段应当看淡一些数据权属问题，而在国家层面，应当积极推行数据主权认识，并且鼓励数据进口，适当限制数据出口。

（九）趋势九：互联网、金融、健康保持热度，智慧城市、企业数据化、工业大数据是新增长点

我国大数据应用最早获得成果的是互联网应用（包括电商等），而持续受到高度关注的应用领域还包括金融和健康，互联网、金融、健康可称为大数据应用领域的老三样。而智慧城市、企业数据化、工业大数据则成为新的增长点，这新三样就是城市、企业、工业的数据化，或者说是城市生活、企业贸易和管理、工业生产过程的数据化和大数据应用。新三样是一种更广泛的应用领域覆盖。表 1-1 和表 1-2 分别为 2013—2016 年最令人瞩目的应用领域投票结果和 2015—2016 年取得应用和技术突破的数据类型投票结果。

表 1-1　2013—2016 年最令人瞩目的应用领域投票结果

年份	2013 年	2014 年	2015 年	2016 年
应用领域	医疗 金融 电子商务 城市管理	互联网 电子商务 金融 健康医疗 舆情分析 情报分析	互联网 电子商务 金融 健康医疗 城镇化 智慧城市 社会安全 犯罪侦查	互联网 电子商务 金融 健康医疗 城镇化 智慧城市 舆情分析 情报分析

表 1-2 2015—2016 年取得应用和技术突破的数据类型投票结果

年份	2015 年	2016 年
数据类型	社会化媒体数据 视频数据 互联网日志与电商交易数据 语音数据、图形图像 设备测量和控制数据 图形图像数据 人体数据 犯罪侦查	城市数据 互联网交易相关数据 企业数据 视频数据 人体数据

（十）趋势十：开源、测评、大赛催生良性人才与技术生态

大数据是应用驱动，技术发力，技术与应用一样至关重要。决定技术的是人才及技术生产方式。

开源系统将成为大数据领域的主流技术和系统选择。以 Hadoop 为代表的开源技术拉开了大数据技术的序幕，大数据应用的发展又促进了开源技术的进一步发展。开源技术的发展降低了数据处理的成本，引领了大数据生态系统的蓬勃发展，同时也给传统数据库厂商带来了挑战。新的替代性技术，都是新技术生态对旧技术生态的侵蚀、拓展和进化。对数据处理的能力、性能等进行测试、评估、标杆比对的第三方形态出现，并逐步成为热点。相对公正的技术评价有利优秀技术占领市场，驱动优秀技术的研发生态。各类创业创新大赛纷纷举办，大赛为人才的培养和选拔提供了新模式。各类创业创新大赛完善了人才生态。

表 1-3 是 2013—2016 年对大数据发展的大趋势预测结果，2016 年大数据产业技术发展的十大趋势预测可以解读为以下四个方面：一是“民生”，在众多的大数据相关应用中，相对来说，与民生相关的大数据可能会得到更快的发展，如健康医疗、社会治安、环境保护等；二是“多样性和融合性”，包括技术模式融合、产业融合等各方面的融合；三是“政策拉动”；四是“生态”，其中产业生态、技术生态等生态的构建是发展的大环境。

表 1-3 2013—2016 年对大数据发展的大趋势预测结果

年份	2013 年	2014 年	2015 年	2016 年
十大发展趋势预测	数据的资源化	大数据从“概念”走向“价值”	大数据分析成为数据价值化的热点	可视化推动大数据平民化
	大数据的隐私问题突出	大数据架构的多样化模式并存	数据科学带动多学科融合，但自身尚未形成体系	多学科融合与数据科学的兴起
	大数据与云计算等深度融合	大数据安全与隐私	与各行业结合，跨领域应用	大数据安全与隐私令人忧虑
	基于大数据的智能开始出现	大数据分析与可视化	与各行业结合，跨领域应用	新热点融入大数据多样化处理模式
	大数据分析的革命性方法	大数据产业成为战略性产业	“物云移社”融合，产生综合价值	大数据提升社会治理和民生领域应用
十大发展趋势预测	大数据安全	数据商品化与数据共享联盟化	平台架构与基础设施	促进大数据发展行动纲领、驱动产业生态
	数据科学的兴起	基于大数据的推荐与预测流行	计算模式：深度学习	数据权属与数据主权备受关注
	数据共享联盟，大数据新职业	深度学习与大数据智能成为支撑	可视化分析与可视化呈现，大数据人才与教育	互联网、金融和健康保持热度；智慧城市、企业数据化是新的增长点
	更大的数据	大数据科学兴起，大数据生态环境逐步完善	开源系统将成为主流选择	开源、评测、大赛能催生良性人才与技术生态
关键词	最初的结构性认识	大数据从“概念”走向“价值”	跨界融合、基础突破	民生、多样、政策、生态

二、大数据的发展目标

推动大数据的发展和应用，要立足于我国国情和现实的需要，在未来逐步实现打造精准治理、多方协作的社会治理新模式，建立运行平稳、安全高效的经济运行新机制，构建以人为本、惠及全民的民生服务新体系，开启大众创业、万众创新的创新驱动新格局，培育高端智能、新兴繁荣的产业发展新生态的总体目标。

（一）打造精准治理、多方协作的社会治理新模式

将大数据作为提升政府治理能力的重要手段，通过高效采集、有效整合、深化应用政府数据和社会数据，提升政府决策和风险防范水平，提高社会治理的精准性和有效性，增强乡村社会治理能力；助力简政放权，支持从事前审批向事中事后监管转变，推动商事制度改革；促进政府监管和社会监督有机结合，有效地调动社会力量参与社会治理的积极性。

（二）建立运行平稳、安全高效的经济运行新机制

充分运用大数据，不断提升信用、财政、金融、税收、农业、统计、进出口、资源环境、产品质量、企业登记监管等领域数据资源的获取和利用能力，丰富经济统计数据来源，实现对经济运行更为准确的监测、分析、预测、预警，提高决策的针对性、科学性和时效性，提升宏观调控以及产业发展、信用体系、市场监管等方面的管理效能，保障供需平衡，促进经济平稳运行。

（三）构建以人为本、惠及全民的民生服务新体系

围绕服务型政府建设，在公共事业、市政管理、城乡环境、农村生活、健康医疗、减灾救灾、社会救助、养老服务、劳动就业、社会保障、文化教育、交通旅游、质量安全、消费维权、社区服务等领域全面推广大数据应用，利用大数据洞察民生需求、优化资源配置、丰富服务内容、拓展服务渠道、扩大服务范围、提高服务质量，提升城市辐射能力，推动公共服务向基层延伸，缩小城乡、区域差距，促进形成公平普惠、便捷高效的民生服务体系，不断满足人民群众日益增长的个性化、多样化需求。

（四）开启大众创业、万众创新的创新驱动新格局

形成公共数据资源合理适度开放共享的法规制度和政策体系，2018 年年底前建成国家政府数据统一开放平台，率先在信用、交通、医疗、卫生、就业、社保、地理、文化、教育、科技、资源、农业、环境、安监、金融、质量、统计、气象、海洋、企业登记监管等重要领域实现公共数据资源合理适度向社会开放，带动社会公众开展大数据增值性、公益性开发和创新应用，充分释放数据红利，激发大众创业、万众创新的活力。

（五）培育高端智能、新兴繁荣的产业发展新生态

推动大数据与云计算、物联网、移动互联网等新一代信息技术融合发展，探索大数据与传统产业协同发展的新业态、新模式，促进传统产业转型升级和

新兴产业发展，培育新的经济增长点。形成一批能满足大数据重大应用需求的产品、系统和解决方案，建立安全可信的大数据技术体系，使得大数据产品和服务达到国际先进水平，国内市场占有率显著提高。培育一批面向全球的骨干企业和特色鲜明的创新型中小企业。构建“政、产、学、研、用”多方联动、协调发展的大数据产业生态体系。

三、大数据的发展意义

大数据作为科学技术又一次的飞跃，是在继互联网、云计算后的技术变革，其发展和应用必将对社会的组织结构、国家的治理模式、企业的决策架构、商业的业务策略以及个人的生活方式等产生深远的影响。

（一）大数据创新科学研究

传统的科学研究，普遍采取的是进行抽样调研。首先，在大数据时代，我们对研究对象的样本量的掌握越来越多，甚至是该对象的全部样本数据，这些全部的样本数据可以更好地为我们全面、真实地反馈该事物，可以避免传统的样本数据具有的不足，在大数据时代，可以说，在一定程度上，我们可以使“样本 = 全部”。其次，在大数据时代，因为拥有海量的数据，对事物所掌握的样本量足够，所拥有的大数据能够更全面地反映事物，所以我们对数据的追求也不再局限于过去的精准，而是允许存在错误，我们所采集存储的数据中难免会存在错误的数据信息，如果追求精准，则会花费更多的人力、物力，因此在大数据时代，我们需要将思维从最初的追求精准到能够包容数据的错误、包容数据的混杂性，以此来追求事物的真实性。正如舍恩伯格所认为的：“在大数据时代，只有 5% 的数据是结构化的，能够用于传统的数据库，如果不接受混杂性，则剩下 95% 的非结构化数据都无法利用，只有接受不精准性，我们才能打开一闪从未涉足的世界的窗户。”最后，在大数据时代，由于追求因果关系十分困难，并且在大数据时代，因果关系对我们的用处不大，因此我们会通过相关关系来探寻事物的发展趋势，大数据的相关关系能够更快、更准确地回答我们所关心的问题。

（二）大数据是推动经济转型发展的新动力

以数据流引领技术流、物质流、资金流、人才流，将深刻影响社会分工协作的组织模式，促进生产组织方式的集约和创新。大数据能够推动社会生产要素的网络化共享、集约化整合、协作化开发和高效化利用，能改变传统的生产方式和经济运行机制，可显著提升经济运行水平和效率。大数据能持续激发商业模式创新，不断催生新业态，成为互联网等新兴领域促进业务创新增值、提升企业核心价值的重要驱动力。大数据产业正在成为新的经济增长点，将对未来信息产业格局产生重要影响。

大数据与实体经济的融合应用将以信息流带动技术流、资金流、物资流、人才流，推动资源要素向实体经济集聚，释放数据红利，促进实体经济转型升级。在大数据的带动下，先进制造业、数字农业等产业将加快发展，传统产业数字化、智能化的水平有望进一步提高，新产业、新业态模式将不断涌现。大数据与实体经济的融合，将为数字经济的持续增长和发展提供可能，拓展实体经济发展空间。

（三）大数据是重塑国家竞争优势的新机遇

在全球信息化快速发展的大背景下，大数据已成为国家重要的基础性战略资源，正引领新一轮科技创新。充分利用我国的数据规模优势，实现数据规模、质量和应用水平同步提升，发掘和释放数据资源的潜在价值，有利于更好发挥数据资源的战略作用，增强网络空间数据主权保护能力，维护国家安全，有效提升国家竞争力。

截至 2019 年年底，我国各地方政府对外公布了超过 130 份大数据相关政策文件，覆盖全国 31 个省级行政区划。各政府部门积极探索大数据的商用、民用、政用，推动大数据与“四化”互动发展、协同发展、融合发展，提升城市竞争力和综合实力。

（四）大数据成为提升政府治理能力的新途径

大数据应用能揭示传统技术方式难以展现的关联关系，推动政府数据开放共享，促进社会事业数据融合和资源整合，极大地提升了政府整体数据分析能力，为有效处理复杂社会问题提供了新的手段。建立“用数据说话、用数据决策、用数据管理、用数据创新”的管理机制，实现基于数据的科学决策，将推动政府管理理念和社会治理模式的进步，加快建设与社会主义市场经济体制和中国特色社会主义事业发展相适应的法治政府、创新政府、廉洁政府和服务型政府，有助于实现政府治理能力的现代化。

在政务领域，全国各地政府纷纷应用大数据等新一代信息技术倒逼政府职能转型，提升政务服务能力。如浙江推行“最多跑一次改革”，江苏开启“不见面审批”，上海实行“一网通办”“一网统管”，杭州推行“城市大脑”，贵阳实行“一网通办”，北京提出“全网通办”等，通过政务数据共享利用，让百姓少跑路、不出门，即可享受政务服务信息化带来的便利，解决了政务服务"最后一公里"的问题。同时提升窗口工作人员的工作效率，全面提高"互联网＋大数据＋政务服务"的效能和水平。

在生态领域，通过对地理大数据、环境大数据、水利大数据等综合数据进行环境分析，有效预测自然灾害的发生地，并做出相关的防护措施。政府管理、决策部门通过创新环境信息管理的体制机制，实现环境大数据管理的系统化、科学化、专业化，生态环境将得以加快改善。

在民生领域，基于"互联网＋教育""互联网＋医疗""互联网＋文化"等利用教育、医疗、文化等领域的大数据，深度开发各类便民应用，提升公共服务便捷化水平。家居、交通等领域基于大数据的智能产品和服务提供，探索了新的服务场景，创造了新的用户体验，满足了人们家庭健康、教育、出行等多元化应用需求，使生活服务提档升级。

（五）大数据助力智慧城市建设

长期以来城市一直是人类生产生活、繁衍，进行经济建设、社会交往和管理创新的中心。智慧城市则能够在这几方面为人类提供更多的智能化服务，从而使得人与自然、人与城市、人与社会更加和谐。

大数据对智慧城市的发展建设带来了可持续发展的动力。智慧城市以云计算、物联网作为支撑技术，通过获取数据信息，运用大数据技术进行实时的分析处理，并将结果反馈给物联网进行智能化和自动化控制，最终让城市达到智慧的状态。智慧城市与大数据间的关系类似水与鱼，智慧城市数据是智慧城市的内核。

第二章　大数据与企业变革

大数据能够用来创造价值，这是因为在当今社会中，依靠相关数据分析所得出的报告越来越多地成为高层管理者进行决策的重要参考。看似比“经验主义”更加科学客观的各类经济报表和技术报告，已经成为各类研究机构向决策者提供建议的重要手段，而大数据技术正好迎合了这样的需求。

第一节　传统企业的变革点

一、将数据作为企业的核心资产

大数据时代，一些新商业思想正在形成。这其中最为重要的就是，必须将数据作为企业的核心资产。

对很多传统企业而言，大数据只是一个流行词。人们在觉得数据距离自己很远的同时，又心生恐惧，不知未来会怎样。

在电商领域，可以将用户分为三种：浏览者、购买者和消费者。传统百货店既不知道走进商店的人都逛了哪些店（浏览数据），也不知道消费者在每个品牌店都买了什么商品（购买数据），用了什么银行卡买单，更不用说消费者购物完成后，他们的使用体验数据了（消费数据）。

生产企业最痛的点是，知道谁帮自己卖，但不知道谁在买。对于零售业这个问题变为：知道谁在买，但不知道客户是如何做决定的，更不知道他们用得如何，出了什么问题也不知道。

以上情况是因为旧有的模式，数据无法跟踪到门店之外，造成了生产和使用的脱节。

但在大数据时代，生产企业可以利用社会化数据甚至传感器跟踪到用户的使用方式。产品出了什么问题，生产企业甚至能在用户感知之前，就了解到问题所在，并提供解决方案。

数据可以帮助零售业将人群的需求与商品的供应快速有效地匹配起来，而数据最大的价值就在这里。

当获取数据变得越来越容易的时候，企业就会发现，不用数据做决策就会失去很多机会。未来的每个企业都会成为数据企业，每个产品都会成为数据产品。因为企业和产品的优化点都依赖于数据创新，数据会成为企业发展的驱动力。

二、收集关键数据，注重使用数据效益

资源有限怎么做大数据？如中小企业在数据化中最大的问题是资源有限，没有太多的资源可供试错，试错空间也很小。此时，中小企业应该收集关键数据，而不是收集所有数据。例如，可以选择比较小的场景进行数据收集、分析。这个场景需满足条件：①有没有所需数据；②数据准不准确；③数据的实时性如何；④数据与算法的匹配；⑤如何从错误中学习，数据回流能否起持续优化作用。消费者的选择就是企业最关键的决策依据，所以可以优先收集这类数据。

而大数据则是基于企业数据化基础之上的数据整合、算法创新和产品化。例如，谷歌地图之所以能告诉驾驶员前面的路堵车，其实是有赖于每个使用谷歌地图的位置分享的实时整合。而政府部门的推动，可以让小企业降低获得数据的门槛、增加业界的数据功用，这样就更有利于让小企业也享受到大数据的科技便利。从产业链来看，小公司联盟能把数据统一起来，用数据来解决一些业内彼此都不能解决的问题。

中小企业不容易像大公司一样有庞大的数据团队。因此，中小企业在运用数据的时候，一定要有更稳妥的方法，注重使用数据效益，可以尝试从小专案着手，再逐步拓展。值得注意的是，经营的本质还是取决于创始人的经营方向与管理，不能本末倒置，如一味期待通过数据就能解决企业所有的挑战。

第二节　大数据的企业价值所在

大数据应用讲求跨界和创新，更准确地说，大数据的价值在于可以从多角度来看同一件事情，全景观察可以减少误差及创造新的机会。但并不是要求我们能够认知到外面的全部世界，而是能让外部数据为我所用。

一、改变与消费者的关系

如何紧贴市场，第一时间响应消费者的呼声一直是企业最头疼的事情，因为谁更了解客户谁就占得先机。近年来消费者需求的随意性、多变性特点越发突出，过去各类调研模式的科学性、准确性逐渐受到了挑战。

2014 年 2 月 22 日，著名财经作家吴晓波现身南京某财富论坛，时下流行的大数据，被他称为大浪淘沙的“定海之宝”。未来中国新的制造企业模型，一定是“专业公司 + 信息化改造 + 小制造”。同时吴晓波认为，未来活得下来的制造企业，未必如今日一般体量庞大的企业，极可能是中小型的专业公司，用数据化手段，对企业生产、营销等所有流程进行改造，最终改造与消费者的关系。利用大数据改造与消费者的关系，消费者才会买单。

随着互联网的极速发展，大数据悄然入侵世界的每个领域。正如 2012 年 2 月《纽约时报》的一篇专栏中所称，大数据时代已经降临，在商业、经济及其他领域中，决策将日益基于数据和分析而被做出，并非基于经验和直觉。这些数据的规模是如此庞大，以至不能用 GB 或 TB 来衡量，起始计量单位至少是 PB（1000 个 TB）、EB（100 万个 TB）或 ZB（10 亿个 TB）。

无疑这些数据背后蕴藏着该行业未来可能的发展趋势，所以如何以最快的速度获取这些数据以及分析结果并迅速转化为工程指标加以优化改进，将是一场半秒钟都不能落后的革命。

在不久的将来，在企业日常的设计、工程开发方案评审中，除“性能、周期、成本”这三个主要的因素之外，势必加上基于大数据时代下的消费者需求分析结果这一要素。故此，如何有效利用大数据时代下的数据收集和分析结果，打造一条通往市场和消费者的畅通无阻的通道，一个成熟的流程和便捷的体系与机制就成了广大企业迄今为止最为紧要的事情，因为，这将决定企业是否比自己的竞争对手更了解自己的客户，客户以后是否还买单。

阿克西奥姆公司的首席数据官程杰曾经提出过“数据的三层境界”。①数据 1.0：企业自身业务产生什么数据就用什么数据做分析优化。②数据 2.0：将现有数据与自身的历史或上下游数据交叉，由此优化数据。③数据 3.0：购买外部数据或者将自己的数据分享出去，数据是互融共通的，在交融中，产生新的产品体验。

这三层境界，都需要企业有不同的技术和架构去实现数据的提炼、加工和整合。这其实是一个不断用数据来描述和还原企业业务的过程。例如，阿里数据团队叠加了数据的一次使用和二次使用，成功地提升了快的打车的成功率。

可以说，所有的数据产品都是与决策相关的。因此，数据优化应该溯源于人或者机器中分析决策的每个环节，所以企业应不断更新自己的锚点。

要打破一个决策，首先要知道人们如何决策，以及有了新数据又如何改变决策。这两者间的区别是什么？会带来什么价值？大决策往往是由一连串的小决策组成的。例如，快的打车 APP 提高效率的关键点在于如何让司机的数据与消费者的数据关联，同时如何不断交叉比对历史数据，找到最高效的匹配。这其中最关键的是如何衡量数据回流的效用，在动态中找到新的锚点。如今传统企业已经到了必将融入互联网之中的时刻，这个时候实时数据就是企业的新数据资料。这其中最为关键的就是对实时数据的还原、提炼，使之为企业所用。这就是一个数据持续优化决策的过程。

例如，进入互联网、大数据时代，中国百货行业发生了翻天覆地的变化，以前“一铺养三代”，而现在街上到处都是旺铺出兑，更不用说各种百货商场的状况了。究其原因，中国百货行业外有社会零售总额增长放缓、网络购物发展的困境，内有相较购物中心自营能力不足、千店一面同质化竞争严重的问题，深处“内忧外患”之中。

而对于百货商超公司而言，需收集、应用什么数据？笔者认为大多数人都会不假思索地说是用户标签和交易行为数据，也就是用户画像数据。的确是这样，像百度推广、腾讯广点通、LBS 广告、京东“猜你喜欢”等，其广告都是智能的，这都是经过对用户标签、行为数据的分析和追踪，然后给用户推送合适的广告信息，这样的广告效果往往最好，因为切中了用户当前或者潜在的需求。

二、形成企业运营数据分析中心

企业为什么要用大数据呢？为了收益，为了创造更多的收益。大数据对企业的价值是什么？第一，大数据确实能推动很多产品的销售，带来很多销售额。但这还不够，这就引出了大数据的第二个价值——对企业运营的作用。没有数据的支撑，很难知道“昨天发生了什么、为什么会发生，今天发生了什么，明天又将发生什么”，也不知道企业战略战术执行如何。有了数据的支撑，业务运转情况就会清晰明了，人们的工作效率就会大大提高，管理和决策将更加轻松自然。

大数据时代的革命行动，说透了就是企业要把握两点，一个是用户画像系统，另一个是企业运营数据分析中心。

首先是用户画像系统。其核心是用计算机理解的“词语”，去描绘一个人，一般都是用“标签＋权重”来做用户画像。与用户相关的数据分为静态数据和动态数据。静态数据主要是指用户的个人标签、属性，如年龄、职业、性别、收入、地区、婚姻状况、爱好、特征、消费能力、消费周期等。动态数据主要是指用户在商场内留下的行为数据，如时间、地点数据。收集用户数据的方式很多，如会员卡、卖场 Wi-Fi 等。

其次是企业运营数据分析中心，也就是数据分析系统，可以准确实时地向领导层、中间管理层反映企业运营状况，如销售情况、库存情况、利润情况、人力资源情况等，辅助管理决策。同时，业务人员查看卖场运营数据的场地和设备限制问题也将解决，业务人员可以在任何时间，通过内网或外网，在手机、平板等设备上了解实时的卖场营运数据，如商品销量情况，是畅销还是滞销；还有营运的一些基础数据，如异常报表类数据。数据分析系统需要 ETL 工具、BI 工具等来建设实现，这里有几个关键点：一是对多源数据、多数据结构的支持，可以进行多数据源关联；二是性能优越，在大数据量大并发的情况下扛得住；三是支持多样化的数据展示方式和交互效果，如图表移动应用等；四是系统的可扩展性强，维护简单，如新需求可以及时响应，或者业务人员可以自己制作报表。

第三节　大数据时代下的企业如何生存

随着大数据海量化、多样化、快速化、价值化特征的逐步显现，以及数据资产逐渐成为现代商业社会的核心竞争力，大数据对行业用户的重要性也日益突显。掌握数据资产，进行智能化决策，已成为企业脱颖而出的关键。因此，越来越多的企业开始重视大数据战略布局，并重新定义自己的核心竞争力。

一、重塑数据为企业核心资产

在大数据时代，人才固然重要，却并非企业智商最重要的载体，数据才是企业智商真正的核心载体。能够被企业随时获取的数据，可以帮助和指导企业在业务流程的任何一个环节进行有效运营和优化，并帮助企业做出最明智的决策。大数据时代的企业智商，才是真正被企业全部掌控的智商，而这一切的基础就是形形色色的数据。

英国著名的大型连锁超市乐购（Texco）在其营销系统内通过顾客的购物

内容、刷卡金额等消费明细数据，以及利用调查问卷、客服回访等售后服务行为对每一位顾客的相关购物信息进行数据采集和整理加工。然后借助计算机和相关数学模型，对所获得的海量数据进行分析，推测顾客的消费习惯和潜在需求等。之后经营者通过这些数据分析可能的商业卖点，针对不同顾客进行不同的推荐服务，并有的放矢开展营销活动。这样的数据应用模式已经在众多电子商务公司得到广泛应用。

英国航空公司为了增加营业收入，渴望通过利用乘客的消费数据来合理调配航班的运营配置，以此节约成本并探求新的消费潜力。英国航空公司通过与世界上的知名酒店公司合作，获取相关数据库内存储的海量会员信息数据，来向乘客推荐相应的差旅住宿服务，使其感受到更好的服务质量，提高航空公司在乘客心中的品牌形象。英国航空公司积极与数据公司合作，将大数据技术应用在商业领域，预测潜在的人流物流信息，以此将数据分析结果转化成实实在在的商业利润。这样的成功案例对改变物流和运输领域的服务方式与经营思路有着指导性意义。

互联网数据中心在其关于大数据的报告中指出，领军企业与其他企业之间最大的差别在于新数据类型的引入。那些没有引入新的分析技术和新的数据类型的企业，不太可能成为行业的领军者。

在大数据时代，企业作为商业世界中的个体，要想做到游刃有余，就必须如熟悉水性一般熟悉和用好海量的数据。大数据在重新定义企业智商的同时，对企业核心资产也进行了重塑。在过去，衡量企业最重要的资产无外乎固定资产、流动资金和人才等要素，如今数据作为企业一项更加重要的资产将直接关系到企业的发展。

在完成对企业智商和核心资产的重塑之后，数据资产正当仁不让地成为现代商业社会的核心竞争力。与其他行业相比，互联网行业已经提早感受到了大数据对商业带来的深切变化。当很多企业还在因为大数据对商业世界的变革无所适从时，一些互联网企业已经完成了对核心竞争力的重新定义，正在这些互联网企业身上发生的变化，一定程度上恰恰是其他企业在大数据时代的未来。

eBay 分析平台多年前就建立了大数据分析平台。在这个平台上，可以将结构化数据和非结构化数据结合在一起，通过分析促进 eBay 的业务创新和利润增长。现在 eBay 分析平台每天处理的数据量高达 100 PB，超过了纳斯达克交易所每天的数据处理量。为了准确分析用户的购物行为，eBay 定义了超过 500 种类型的数据，对顾客的行为进行跟踪分析。

在早期，eBay 网页上的每一个功能的更改，通常由对该功能非常了解的产品经理决定，更改的依据主要是产品经理的个人经验。而通过对用户行为数据的分析，网页上任何功能的修改都交由用户去决定。每当有一个不错的创意，eBay都会在网站上选定一定范围的用户进行测试。通过对这些用户的行为分析，来看这个创意是否带来了预期的效果。

更显著的变化反映在广告费上。eBay对互联网广告的投入一直很大，通过购买一些网页搜索的关键字，将潜在客户引入eBay网站。为了对这些关键字广告的投入产出进行衡量，eBay建立了一个完全封闭式的优化系统。通过这个系统，可以精确计算出每一个关键字为eBay带来的投资回报。通过对广告投放的优化，自2007年以来，eBay产品销售的广告费降低了99%，顶级卖家占总销售额的百分比却上升至32%。

电子商务巨头亚马逊也提早进入了大数据时代，亚马逊首席技术官沃纳·威格尔在Cebit上关于大数据的演讲，向与会者描述了亚马逊在大数据时代的商业蓝图。长期以来，亚马逊一直通过大数据分析，尝试定位客户和获取客户反馈。

国金证券在其发布的大数据系列报告中提出了大数据时代应用软件互联网化、行业应用垂直整合和数据成为核心资产三个主要趋势，其中最为值得注意的是在传统操作系统，数据库平台软件同质化趋势日趋明显的背景下，未来越靠近最终用户的企业将在产业链中拥有更大的发言权。而且企业如何通过抓住用户获取源源不断的数据资产将会是一个新的兵家必争之地。

人们对数据资产的迷恋体现在方方面面。例如，除了目前还不能算是十分完善的广告系统之外，脸书在商业模式的探索上并不成熟，但这并不妨碍它获得超过1000亿美元的估值。尽管短期来看脸书的股价会有波动，但是更多人还是相信其长期利好，其中一个重要的原因就是脸书手中掌握着8.5亿用户每天产生的海量数据，这些数据早晚会通过一个恰当的方式释放出商业价值，不断产生的数据本身就是脸书最重要的资产。

二、充分运用数据，提升企业进化能力

奥巴马政府对大数据的看法则从一个侧面凸显了数据在今天的重要程度。2012年3月22日，奥巴马宣布以2亿美元投资大数据领域，在次日的电话会议上，美国政府将数据定义为“未来的新石油”，美国政府认识到，一个国家拥有数据的规模将成为综合国力的重要组成部分，未来对数据的占有和控制甚至将成为继陆权、海权、空权之外的另一个国家核心资产。国家如此，作为天

生需要靠数据驱动财务增长的企业来说更是如此。

商业的发展历史并不是一个存在于人们头脑中虚无缥缈的概念，相反，它是一个不断演变和进化的生态系统。纵观历史上和现在的那些百年企业，它们的共同特点是面对持续发生变化的商业环境，在成长的过程中比其他企业拥有更为强大的进化能力，能够及时调整自己的战略布局以适应不断变化着的商业生态。

例如，100年前，诺基亚还是一家芬兰的木浆造纸和橡胶生产公司，20世纪60年代开始，它抓住了全球电信行业发展的机遇，从生产电缆到经营电信网络再到制造手机终端，随着商业生态的变化不断地进化，在移动互联网严重冲击其手机业务的情况下，诺基亚再次开始了其向智能终端的进化和转型。又如，20世纪60—80年代，IBM还是全球最大的个人电脑公司之一，但是进入21世纪之后个人电脑的利润越来越微薄，IBM开始果断出售自己的PC业务，开始向解决方案提供商转化，作为一家员工过万的超大型企业，IBM涅槃重生的关键就在于其善于审时度势，拥有持续不断的进化能力。

咨询巨头麦肯锡分析，大数据正在成为下一代企业竞争力、生产力以及创新的前沿，它必将为企业发展带来巨大价值。但在现实中，许多企业管理者盲目收集数据并进行分析，期待能够得到快速回报。很遗憾，他们未能如愿。无论整体规划、技术平台还是业务流程，大多数企业并未针对大数据分析做出特别的调整与变化。而传统数据管理体系正在阻碍企业从大数据中提取价值。

首先，企业管理者需要弄清这样一个问题：“大数据如何帮助自己的企业实现发展？”如果不能指导行动，那么收集再多的数据也是毫无意义的。事实上，获得洞察力是一方面，可实践性也是分析的标志之一，即企业从大量历史数据的“噪声”中获得可实践的预测以及具有前瞻性的决策。

其次，企业需要针对大数据分析来改变传统的业务流程与决策流程。按照传统企业经营方式，高层的主观意见会对决策造成决定性影响，这种现象到现在也还是非常普遍的。让真实的数据来说话，这是许多企业管理者需要进行的观念转变。当然，收集更多的数据并不意味着就能够将数据转化为洞察，如果没有一个更适应大数据时代的技术架构，也会让企业的转型变得难上加难。

最后，技术平台不是万能的，但没有技术平台是万万不能的。在很多情况下，我们会看到各种观点在弱化技术方面所起到的作用。事实上，这样的观点是比较片面的。要真正驾驭大数据，我们仍然需要一个过硬的技术平台来作为支撑。很难想象用现有的SQL数据库来分析海量非结构化信息，大数据需要一个更全面、更高效的平台来进行组织、处理和分析数据。同时需要考虑如何将大数据平台，与原有的数据架构进行最佳集成。

企业在进行数据管理方式转型的时候，需要从四个方面来把握并覆盖数据的全生命周期，即设想、创建、部署和扩展，并以此形成一个有机的闭环。根据这一方法论，思爱普推出了有针对性的大数据服务，帮助企业从数据中获取全新洞察，进一步扩展业务功能，获得更多业务机会。

在设想阶段，企业需要制定一套大数据战略，设想业务的发展方向并确定大数据将如何以业务目标为切入点帮助企业。在这一阶段中，思爱普的数据科学家将帮助企业挖掘大数据的潜在应用场景，构建业务案例并确定大数据将为企业带来哪些价值。

在创建阶段，制定好路线图和战略后，可以利用思爱普大数据服务创建一个支持大数据的最佳架构，从而实现目标。这一过程包括：安全集成新兴技术与现有投资；设计一个全面的基础架构，以从多个数据源（通常是现有数据集）获取数据；实施最佳大数据平台；将大数据的影响纳入治理政策范围内。

在部署阶段，也将是企业从大数据中获得回报的阶段。通过大数据平台，思爱普大数据分析服务和应用实施服务能够支持企业运行分析应用，让企业进一步掌控全局，分析当前信息和历史信息。通过预测分析能力来提升业务成果，以绝佳的可视化效果传达和共享洞察，根据需求将信息交付给业务用户，并支持移动设备的信息共享。

在扩展阶段，基于企业现有的大数据潜能，思爱普大数据服务将使企业以一种最灵活、运营成本最低且最能满足需求的方式部署解决方案，从而充分利用新环境，获取更丰厚的业务成果。通过内部部署、云模式或混合模式部署解决方案，评估企业的现有功能，建立能力中心，推出企业所需的新技能，从而更有效地管理大数据并扩展大数据的影响力。

从评估大数据业务，到发现大数据价值、设计大数据架构，再到实施大数据平台、工具以及管理和优化大数据解决方案。思爱普除了HANA这样的“全能型”内存数据平台之外，还能够为企业提供一个端到端的大数据服务组合。为企业进行大数据时代转型提供个性化的指导，从而充分利用不同流程的各种数据源，获取全新的、有意义的洞察。

在充分认清大数据重要性的基础上，企业需要理解大数据之于业务的价值点，然后在规划的每个阶段以及企业的每个层级中充分利用数据，进一步扩展大数据的影响力从而形成良性循环。让更多的员工，更有规律地、更好地利用那些可管理的数据，然后使得业务逐渐能够基于数据而采取行动。通过这样的管理新思路，才能够真正让大数据为我们所用。

第四节　大数据决定企业竞争力

大数据是企业竞争力的来源，从而使整个行业结构发生了改变。

一、大数据促使大企业做出决策调整

虽然像亚马逊和谷歌一样的行业领头羊会一直保持领先地位，但是和工业时代不一样，它们的企业竞争力并不是体现在庞大的生产规模上的。已经拥有的技术设备固然很重要，但这也不是它们的核心竞争力，毕竟如今已经能够快速而廉价地进行大量的数据存储和处理了。企业可以根据实际需要调整它们的计算机技术力量，这样就把固定投入变成了可变投入，同时也削弱了大公司的技术储备规模。

超市已经成了人们日常生活中的必去之处。像家乐福和沃尔玛这些大型超市进入中国市场之后，中国市场的零售业发生了很大的变化。沃尔玛的优质服务和高销售额，使得很多企业都争相研究其管理方面的方法和经验。例如，沃尔玛要求所有的工作人员都要学会微笑，见到顾客的时候保持标准的微笑，并且会对员工进行各方面的培训。但是，沃尔玛的管理经验的核心之一就是它科学化的数字管理，沃尔玛也需要利用对数据的分析来解决销售过程中的问题，提高顾客的满意度。

顾客在逛超市的时候，不会只买一种商品，而是会买很多相关的商品。例如，顾客想要购买大米的时候，就会顺带购买做饭需要的蔬菜、油、各种调味料等。顾客在购买洗衣粉的时候，就会想到购买卫生纸、香皂等日用品。很多顾客的购买动机都是偶然的，很可能因为一个降价的标志，而购买了很多原本没有想要购买的商品。沃尔玛将大量的数据整合分析后，发现一条规律：如果商品之间具有一定的相关性，一般为互补品关系，就会增加商品的销售量。例如，沃尔玛通过数据分析发现，超市里蔬菜、肉类和食用油的销售比例为100 ∶ 80 ∶ 10。这足以证明利用对数据的分析来解决销售过程中的问题是普遍存在的。

职业经理人经常会来到销售现场，做一些检查巡视的工作，除此之外，他们同样非常关注其他相关数据的变化。在一些大型的连锁超市里，收银台会随时收集顾客的采购信息，并将之传送到后台的企业资源计划系统，从而进行统计。有的超市上午7点开始营业，9点就已经做好了数据汇总的工作。这样一来，经理就可以通过汇总报表观察超市各商品的比例，以蔬菜、肉类和食用油为例，这三种商品的正常比例应该为100:80:10，但如果数据显示结果为100:40:10，就说明肉类的销售出现了异常。销售了100单位的蔬菜的同时，本应销售掉80单位的肉类，但是肉类的销售量却降了一半，经理会立即到肉类销售区去查看原因，看是价格的问题，还是质量的问题。一旦发现原因，就可以立即进行有针对性的调整。这样，问题刚出现苗头，就会被迅速控制和改善。这就是"即时干预"管理法。

如果没有这些数据，超市经理的观察感受就是：超市的员工非常忙碌，货架前站着络绎不绝的顾客，一切看起来都很顺利。超市经理在巡视中能发现的问题，大概也就是类似商品摆放不当、员工服装不整齐的问题，而最关键的要点则很容易被忽略掉。

在对每天的汇总报表数据进行统计和分析后，经理可以发现更多的问题。例如，一周后的某一天，超市7点营业后，经理9点看到蔬菜、肉类和食用油的销售比例是50:40:5，商品的销售比例没有问题，但销量却出现了问题，这是因为整体客流量降低了。这时候就要去查明，为什么今天的整体客流量降低了？

"相信数据，用数据说话"，在沃尔玛等国际型企业中，已经成为职业经理人的思维惯式。

总之，大数据向小数据时代的赢家以及那些线下大公司（如沃尔玛、联邦快递、宝洁公司、雀巢公司、波音公司）提出了挑战，后者必须意识到大数据的威力，然后有策略地收集和使用数据。同时，科技创业公司和新兴产业中的老牌企业也准备收集大量的数据。

在过去几年里，航空发动机制造商劳斯莱斯通过分析产品使用过程中收集到的数据，实现了商业模式的转型。坐落在英格兰德比郡的劳斯莱斯运营中心一直监控着全球范围内超过3700架飞机的引擎运行情况，为的就是能在故障发生之前发现问题。数据帮助劳斯莱斯把简单的制造转变成了有附加价值的商业行为，劳斯莱斯出售发动机的同时通过按时计费的方式提供有偿监控服务（一旦出现问题，还进一步提供维修和更换服务）。如今，民用航空发动机部门大约70%的年收入都来自其提供服务所赚得的费用。

二、大数据为小企业带来了机遇

用埃里克教授的话说就是，聪明而灵活的小企业能享受到非固有资产规模带来的好处。这也就是说，这些小企业可能没有很多的固定资产但是存在感非常强，也可以低成本地传播它们的创新成果。更重要的是，因为最好的大规模数据服务都是以创新思维为基础的，所以它们不一定需要大量的原始资本投入。数据可以授权但是不能被占有，数据分析能在云处理平台上快速而低成本地运行，而授权费用则应从数据带来的利益中抽取。

企业能从大数据中获利，这个情况很有可能并不只是适用使用数据的企业，也适用于掌握数据的企业。大数据拥有者想尽办法增加他们的数据存储量，因为这样能以极小的成本带来更大的利润。首先，他们已经具备了存储和处理数据的基础。其次，数据库的融合能带来特有的价值。最后，数据拥有者如果只需从一人手中购得数据，那将更加省时省力。不过实际情况要复杂得多，可能还会有一群处在另一方的数据拥有者（个人）诞生。因为随着数据价值观的显现，很多人会想以数据拥有者的身份大显身手，他们收集的数据往往是和自身相关的，如他们的购物习惯、观影习惯数据，也许还有医疗数据等。

这使得消费者拥有了比以前更大的权利。消费者可以自行决定把这些数据中的多少授权给哪些公司。当然，不是每个人都只在乎把他的数据卖个高价，很多人愿意免费提供这些数据来换取更好的服务，如想得到亚马逊更准确的图书推荐。但是对于很大一部分对数据敏感的消费者来说，营销和出售他们的个人信息就像写博客、发推特信息和在维基百科搜索一样自然。

然而，这一切的发生不只是消费者意识和喜好的转变所能促成的。现在，无论是消费者授权他们的信息还是公司从个人手中购得信息都还过于昂贵和复杂。这很可能会催生出一些中间商，由他们从众多消费者手中购得信息，然后卖给公司。如果数据成本够低，而消费者又足够信任这样的中间商，那么个人数据市场就有可能诞生，这样个人就成功成为数据拥有者。美国麻省理工学院媒体实验室的个人数据分析专家桑迪·彭特兰与人一起创办的ID3公司已经在致力于让这种模式变为现实。

只有当这些中间商诞生并开始运营，而数据使用者也开始使用这些数据的时候，消费者才能真正成为数据掌握者。如今，消费者在等待足够的设备和合适的数据中间商的出现，在这之前，他们希望自己披露的信息越少越好。总之，一旦条件成熟，消费者就能从真正意义上成为数据掌握者了。

三、利用数据打造可持续的竞争优势

大数据对中等规模的企业帮助并不大。波士顿咨询公司的资深技术人和商业顾问菲利普·埃文斯（Philip Evans）说，超大型的企业占据了数据优势，比小企业更有规模。但是在大数据时代，一个企业没必要非要达到某种规模才能支付它的生产设备所需的投入。大数据企业发现自身可以是一个灵活的小企业并且会很成功（或者会被大数据巨头并购）。

大数据也会撼动国家竞争力。当制造业已经大幅转向发展中国家，而各国都争相发展创新行业的时候，工业化国家因为掌握了数据以及大数据技术，所以在全球竞争中占有优势。不幸的是，这个优势很难持续。就像互联网和计算机技术一样，随着世界上的其他国家和地区都开始采用这些技术，西方世界在大数据技术上的领先地位将慢慢消失。对于发达国家的大企业来说，好消息就是大数据会加剧优胜劣汰。所以一旦一个企业掌握了大数据，它不但可能超过它的对手，还有可能遥遥领先。

不过，就算大数据能带来那么多的好处，我们依然有担忧的理由。因为随着大数据能够越来越精细地预测世界的事情以及我们所处的位置，我们可能还没有准备好接受它对我们的隐私和决策过程带来的影响。我们的认知和制度都还不习惯这样一个数据充裕的时代，因为它们都是建立在数据稀缺的基础之上的。

在 2006 年，全世界的电子数据存储量仅为 18 万拍字节，2012 年这个数字已经达到 180 万拍字节，短短五六年间就已经增长了一个数量级。2015 年这个数字已达到了天文数字般的 800 万拍字节。

就在此时此刻，海量数据正在源源不断地产生。每一天，无数的数据被搜集，从不停息。在过去几年所产生的数据量，比以往 4 万年的总和还要多，大数据时代的来临已经毋庸置疑。我们即将面临一场变革，新兴大数据将成为企业发展的当务之急，而常规技术已经难以应对拍字节级的大规模数据量。这一变化所带来的挑战，是成功的企业在未来发展过程中必须面对的。只有那些能够运用这些新数据形态的企业，方能打造可持续的竞争优势。

第三章　企业管理概述

企业是以盈利为目的的生产经营组织。企业作为与市场相对应的资源配置方式，以计划性的分工协作机制代替市场价格机制，从发挥比较优势、节约交易成本的角度提升效率。企业管理是一般管理原理与方法在企业中的应用，其核心是从用人办事的角度提升企业经营效益。在这个过程中，企业管理者发挥着关键作用。

第一节　企业管理的相关概念

一、企业的概念和内涵

企业是指从事制造、流通、服务等经济活动，以产品或劳务满足社会需要并获取盈利，实行自主经营、自负盈亏，具有法人资格并依法设立的经济组织，是现代经济社会的基本单位。

（一）企业的五个基本要素

企业作为社会经济的基本单位，从内容上看，具有五个基本的构成要素。这五个基本的构成要素相互作用、相互影响，缺一不可，构成了企业这一有机系统。这五个基本要素如下。

1. 人员

人员是企业所拥有的生产经营人员和管理人员以及由这些人员所组成的各类部门和机构的总称。人员作为企业生产经营活动的主体，是企业最为重要的构成要素。企业从事生产经营活动的整个过程的所有环节都离不开人的存在。

2. 物资设备

物资设备即企业为了从事生产经营活动所拥有的一切厂房、机器设备和物资材料等。物资设备是企业从事生产经营活动的依托，企业的生产经营活动离不开物资设备的购置。没有物资设备的存在，就不可能有企业的生产经营活动，当然也就不可能有企业的存在。

3. 资金

资金即企业从事生产经营活动所需的各类资金。企业的运营离不开一定的资金的支持。资金作为企业运作的血液，它对企业的生产和发展具有不可替代的作用。

4. 时间

时间即企业可以用于生产经营活动的有效时间。时间是企业的一项重要的稀缺资源，尤其是在信息化的今天，企业间的竞争更多情况下表现为时间的竞赛。

5. 信息

信息即企业生产经营活动中所拥有的必要信息。信息是企业这个封闭系统与外界进行沟通的唯一方式，企业的生产经营活动决策需要各类信息的支持。没有信息的反馈，企业不可能对外部环境的各种变化及时做出反应。

（二）企业的内涵

从上述企业的定义中我们可以看出，企业的内涵主要有以下几方面。

1. 企业是一个独立的法人

法人是自然人的相对称呼。所谓独立法人具有三层含义：其一，表明企业具有自己的独立财产与组织机构，能以自己的名义进行民事活动并承担相应的责任，享有民事权利和义务；其二，表明企业是按照法定程序在政府部门登记注册，有专门的名称和固定的工作地点的组织；其三，对“有限公司”而言，企业只对“有限”的自己负法律责任，企业资产在清算时，仅以法人资产及其注册资本负责，不涉及出资人的其他财产问题，更不会殃及其员工。

2. 企业是一个自主经营、自负盈亏的经济性组织

企业不同于任何行政性、事业性机构，它必须盈利，才能生存下去。盈利是企业创造附加性价值的组成部分，也是社会对企业所生产的产品和服务满足社会需要的认同与回报。相反，亏损的企业就很难继续生存。

3. 企业是一个承担众多社会责任的社会经济基本单位

在现代社会经济条件下，企业的社会性功能也越发明显，并且与其经济性

功能并不矛盾。事实证明，如果企业的经济活动能顺应社会潮流发展趋势，促进社会的文明进步，企业的经济效益就会蒸蒸日上，而经济效益优良的企业也能为社会做出更大的贡献；否则，企业将逐步被社会抛弃。

二、管理的概念

人类出现以后，面对最原始的来自自然界的各种环境的生存压力，人类相互的联合就成为一种自觉的选择。于是，组织便自然而然地产生。任何组织的存在和发展，任何组织为了最有效地取得其成员的贡献，都需要管理的功能来对成员的活动加以协调。明确管理的概念，首先需要理解组织。

（一）理解组织

人们组成群体无非是为了集成个人的力量，以发挥集体的更大作用，这种群体就是人类社会普遍存在的组织现象。社会团体、政府、军队等都是组织，企业是一种特殊的社会经济组织，其任务是满足社会需要并获取利润。

何谓组织？组织就是由两个或两个以上的人为了实现共同的目标组合而成的有机整体。组织要素如下。

1. 组织成员

组织是人的集合组成的机构。人们具备组织所要求的素质，并愿意接受组织约束、遵守组织制度，而为组织提供所需要的贡献都可能成为组织成员。

2. 组织目标

目标是个人、部门或整个组织所期望的成果。组织目标是组织存在的理由，是组织成员的黏合剂。组织成员为了实现孤立活动无法取得的成果，按照一定的方式相互合作，形成一种整体的力量，共同努力去实现既定的组织目标。如企业的目标包括：获取盈利、提高生产效率和市场竞争地位等。

3. 组织活动

组织必须从事某种活动，以完成组织任务，实现组织目标。组织的活动一般有作业活动和管理活动。作业活动是直接从事的具体操作性业务、直接面向生产对象或服务对象的工作。如企业的生产和服务过程、公共组织的公共事务处理和服务过程。组织就是直接通过作业活动来达成组织目标。组织为了确保作业过程顺利而有效地进行，还需要开展管理活动。

管理活动是在组织中行使管理职能、指挥或协调他人完成具体任务的活动。

所以，作业活动是达成组织目标的直接手段，管理活动是促进作业活动顺利实现组织目标的手段和保证。

4. 组织资源

组织活动的进行需要组织筹措一定种类和数量的资源并加以科学转换。组织资源包括人力资源、物力资源、财力资源、信息资源等。

5. 组织环境

组织环境是围绕着人群的空间及其中可以直接、间接影响人类生活和发展的各种自然因素和社会因素的总体。组织在进行组织活动时必然与外部的其他单位发生着各种联系。如企业要向其供应链上的供应商购买原材料，向批发商、零售商销售产品等。组织环境就是存在于组织边界之外，对组织运作可能产生影响的一组力量和条件。

（二）管理概念的思辨

组织的要素不是孤立存在的，要素内、要素间都必须加以协调。所以，管理伴随着组织的出现而产生，是保证作业活动实现组织目标的手段，是协作劳动的必然产物。管理作为有助于实现目标的一种有效手段，其地位越来越重要，影响也越来越广泛。

什么是管理？近100多年来，不同时期、不同流派的学者从不同的视角阐释了管理的内涵。科学管理理论创始人泰罗认为，管理是一门怎样建立目标，然后用最好的方法经过他人的努力来达到的艺术。泰罗还将管理看作通过明确的规定提高生产率的过程，认为管理的目的应是实现富裕，并提出了一系列提高效率的方法。

现代经营管理理论创始人法约尔（Fayol）认为，管理是以计划、组织、指挥、协调及控制等职能为要素组成的活动过程。

行为科学理论的代表人物梅奥（Mayo）认为，管理就是做人的工作，研究人的心理、生理和社会环境之间的相互影响，激励员工的行为动机，调动人的积极性。梅奥进一步指出只有把自己投入集体中才能实现自由，提出管理应将组织的需要和成员的需要协调一致。

管理过程理论的代表人物孔茨（Koontz）认为，管理就是设计和保持一种良好的环境，使个人在群体中高效率地完成既定的目标。

美国管理协会指出，管理是通过他人的努力来达到目标。

我国学者指出，管理就是为了有效地实现组织目标，由专门的管理人员利用专门的知识、技术和方法对组织活动进行计划、组织、领导与控制的过程。

上述对管理概念的多样化定义，反映了管理学界各学派的研究重点和特色，以及从不同角度对管理活动的认识与理解。管理是一个动态、发展的概念。

由于在任何组织中，管理都是一种管理者利用组织资源，通过管理过程去完成某个目标并取得一定绩效的活动，因此管理可界定为：在特定的环境下，组织中的管理者通过计划、组织、领导、控制等职能来协调组织资源与职能活动，有效地实现组织目标的活动过程。管理的这一概念包含以下几个方面的含义。

第一，管理活动具有很强的目的性。任何组织的管理是一种有意识有目的的活动过程，是围绕组织目标来进行的。选择“做正确的事”、去“正确地做事”是管理活动的效益和效率问题。只有确定正确的目标，才可能有效益；有效率就是最优化利用组织的各种资源。有效的管理是效益和效率的统一。

第二，组织资源是管理活动的基础。组织资源是组织构成的要素，管理必须拥有一定的组织资源。

第三，计划、组织、领导、控制构成管理过程。管理是通过计划、组织、领导、控制等活动来进行的。管理者制定活动计划和决策、负责组织计划的实施并激发成员的工作热情，对计划的执行情况进行检查和监督，保证计划的偏差最小化并消除偏差。管理的这些活动缺一不可，它们使管理工作有别于作业活动，同时又使管理工作成为一个有机整体。

第四，组织是管理活动的载体。管理离不开一定的组织，一切管理都是在组织中进行的，不存在组织之外的管理。

第五，协调是管理的本质。管理的主要任务就是协调组织中的各种资源，包括人力资源、物力资源、财力资源、时间资源和信息资源等。管理工作是通过综合运用组织中的各种资源并协调利用这些资源的职能活动来实现组织的目标。

第六，管理者是实施管理职能的主体。各种组织必须经过管理者来加以管理。高层管理者决定组织的大政方针，中层管理者把任务分配给各基层单位，基层管理者直接指挥和监督现场作业人员。组织目标的确定及其实现、组织成员工作的积极性与创造性、组织运作效率的高低等取决于管理者及其运用的管理方式。所以，管理者素质的高低直接影响着一个组织的绩效。

第七，管理工作基于一定的环境条件。管理活动是在一定的环境中进行的，环境为组织提供了机会，也构成了威胁。管理者必须正视环境对组织的这两方面影响，正确地分析环境机会、环境威胁，并依据组织的优势、劣势制定出科学的组织战略。同时，组织要为创造优良的社会物质环境和文化环境尽社会责任。组织的经营模式、管理者的管理方法与技巧必须因环境条件的不同而相宜变化。审时度势、因势利导、灵活应变，对管理的成功至关重要。

三、企业管理的含义

企业管理属于微观经济管理的范畴。它是指人们在一定的生产方式下，依照一定的规律原则、程序和方法，对企业的资源和要素及经济活动过程进行组织、指挥、监督和调节，以取得最佳的经济效益的过程。企业管理是社会经济管理发展到一定历史阶段的产物，是随着商品经济成为社会经济活动的主导形式而产生的，是随着企业这种社会经济组织形式的出现而产生的，因此，企业管理是商品经济发展的产物，同时，企业管理的进一步发展，又促进商品经济的发展。

企业管理与传统的家庭经济组织的管理相比，具有明显的特点。

第一，管理的指导思想不同。传统的家庭经济组织的管理是按自然经济的思想、观念、意识来指导其管理活动的。现代企业管理是按照商品经济的观念、意识、原则来指导管理活动的，如市场观念、竞争观念、时间价值观念等。

第二，管理追求的目标不同。企业管理的目标是实现利润最大化和企业规模的扩张。传统的家庭经济组织的管理目标是提高自给自足的程度，维持在原有生产规模上的简单再生产。

第三，管理的组织不同。企业管理的组织是以分工和协作为基础的组织系统，有特定的职能管理机构，并形成不同的管理层次。而传统的家庭经济组织的管理是以血缘关系为纽带的家庭成员的自然分工或以师带徒的血缘关系为纽带的师徒分工为基础的。

第四，管理的方法、手段不同。企业管理是以经济方法为主并综合运用法律方法和必要的行政方法，同时运用现代科学技术手段来进行管理；而传统的家庭经济组织的管理是建立在家长制基础之上，凭经验进行的管理。

第五，管理的内容范围不同。现代企业管理的内容十分丰富，涉及企业生产或经营的全部过程以及企业内部各部门、各环节、各个层次。而传统的家庭经济组织的管理的范围主要是直接生产过程的管理。

四、企业管理的对象、内容和方法

（一）企业管理的对象

商品流通企业的管理活动是紧紧围绕着经营活动展开的。企业管理的对象就是由一定的人力、物力、财力有机结合所形成的经营活动。把经营活动作为管理的对象，有利于正确处理经营与管理的关系。管理的重要性在于管理是由经营活动引起的，经营活动离不开管理，管理要紧紧围绕着经营活动而进行。管理决定着经营的目标，决定着经营要素即人力、物力、财力的合理调配，决定着经营活动的进程安排和控制，管理活动一旦脱离经营活动的要求，非但不能保证经营活动的顺利进行，反而会给经营活动带来不必要的影响。当然，经营活动是由人去实现的，人在经营活动的各要素中起着决定作用。因此，管理必须以人为核心，加强对人的控制，开发人的潜力，调动人的积极性，以保证经营活动的顺利进行。

（二）企业管理的内容

企业管理的内容大体包括以下三个部分。

第一部分，企业管理原理。管理原理是企业管理的总论，提出了许多共同原理，具有统率其后所要研究的各项管理活动的功能。因此，这一部分有很强的理论性，它处于企业管理的首要地位，是研究的重点。它包括：企业管理的性质、职能、原则、方法以及企业管理理论的发展，企业组织管理，企业决策及计划管理等。

第二部分，企业职能管理。这一部分是企业管理的主体，大部分内容有很强的实用性，它侧重研究生产力三要素的合理组织与管理的问题。它包括：工业企业物力管理、企业财务管理、企业劳动管理、企业全面质量管理等。

第三部分，企业管理现代化。它是管理的目标，也是我们研究企业管理理论和实践的最终归宿。

以上三部分的内容是互相联系的统一体，它们相辅相成，形成企业管理体系。

（三）企业管理的方法

企业管理方法是指为保证企业向预定方向发展，履行管理职能和实现管理任务所采取的措施、手段的总和。企业通常采用以下方法进行管理。

1. 经济方法

经济方法就是按照客观经济规律的要求，依靠经济组织，利用经济核算，采取各种经济手段（如价格、成本、利息、利润、工资、税收等）来管理企业的一种方法。它的特点是以经济利益为动力，调动职工的积极性，改善经营管理，提高经济效益。

（1）经济方法的作用

在社会主义市场经济条件下，运用经济方法管理企业有其特殊的意义和作用。

①经济方法是激励的重要手段。在现阶段，劳动还是一种谋生的手段，人们付出劳动要求获得报酬。因此，报酬量的多少，是否与付出劳动量相对应，就成为激励的一个重要内容。工资、津贴等正常劳动报酬及超额劳动报酬等，同劳动者所付出的劳动量相适应，就能收到从正面激励的效果；还有一种刺激，即利用经济处罚，如扣发工资、奖金以至给予一定的罚款等，会收到从反面激励的效果。

②经济方法是推动企业前进的内在动力。经济方法是建立在企业和企业职工对物质利益关心的基础之上的。它的核心是职工的劳动报酬同企业的经营效果和个人劳动贡献挂钩，以此来调动职工关心企业的积极性。这种积极性出自职工的内在需要，它使职工把自己的命运同企业的兴衰连在一起，是完善企业经营机制，激发企业活力，推动企业前进的内在动力。

③经济方法是提高管理效能的途径。企业管理效能不仅表现在决策管理层履行职责的程度及其工作效率上，更重要的表现在企业各基层组织和各岗位人员履行职责的程度及其工作效率上。用经济方法通过物质鼓励更好地调动企业基层组织和广大职工的积极性，使个人目标和企业目标很好地结合起来，有利于从总体上提高企业经营效率，加速资金周转，降低流通费用，提高企业管理水平。

（2）运用经济方法应注意的问题

①要尊重客观经济规律。采用符合客观经济规律的经济方法，才能把企业和职工的活动引导到实现企业目标的轨道上来，否则，不仅起不到推动作用，还可能起破坏作用。

②要使企业成为自主经营的经济实体。企业只有真正实行独立核算，自负盈亏，成为自主经营的经济实体，既是经济责任的承担者，也是经济权力的拥有者和经济利益的享受者，才能为经济方法的运用提供广阔的天地。

③要完善经济责任制和经济核算制度。经济方法之所以能够起发挥职工积极性，推动企业前进的作用，主要就在于它把经济责任、经济权力、经济利益、经济处罚等很好地结合了起来，能够发挥经济杠杆的作用。而这就需要完善经济责任制和经济核算制。从企业到班组，使每个部门、每个职工都深入经济责任中，实现全面、全员、全过程的经济核算和经济监督。否则，没有涉及每个

人的经济责任，没有包括各个领域的监督和核算，企业盈亏与职工没有利害关系，也就谈不上经济方法。

（3）经济方法的局限性

经济方法作为一种强调贯彻物质利益原则的方法，不可避免地具有它的局限性。这种局限性，主要表现在以下三个方面。

①由于经济方法主要是调节人们的经济利益关系，不直接干预和控制人们的行为，所以，我们不能依靠它来解决经营管理中许多需要严格规定或立刻采取措施的问题。特别是经营管理中的业务技术方面的问题，不能依靠它来解决。

②由于人们除了物质需要外，还有更多的精神和社会方面的需要。所以，我们不能完全依靠经济方法来调动企业和职工的积极性。在现代生产力迅速发展的条件下，物质利益的刺激作用趋向逐步缩小。特别是在社会主义社会中，劳动群众不只是为金钱才努力工作的，他们有着崇高的理想和高尚的品德，有为国家、为人民多做贡献的自觉行动。社会主义企业经营的目的是促进生产发展，不断满足人民群众日益增长的物质文化生活需要。在社会主义社会中，个人利益和局部利益要服从整体利益。因此，经济方法在调动企业和职工群众工作积极性方面的作用不是无限的。

③由于经济方法是一种强调物质利益的方法，过分地运用它会随之产生各种自发的经济倾向，会造成企业以致社会经济目标和行动的分散。实践中所出现的过分强调本企业、本系统、本地区利益的倾向，任意涨价，滥发奖金等问题都是这种自发倾向的表现。

2. 行政方法

所谓行政方法是指管理机构或管理者动用缘于本身的职责任务而拥有的权力，通过对管理对象直接下达指示命令的形式，以影响被管理者行为的一种管理方法。行政方法是一种必要的、常用的管理方法。它的最大特点是权威性和强制性。

（1）行政方法的必要性

社会主义企业建立在社会化大生产的基础上，它离不开集中统一的行政管理。采用行政方法管理企业的必要性具体表现在以下几个方面。

①能够保证有效地完成企业管理目标。企业是一个复杂的系统，各部门、各环节及全体职工必须统一目标和统一行动。运用行政管理的权力，通过强制性的行政手段对管理对象进行指挥和控制，就能有力地实现企业管理的目标和任务。

②能够保证经济方法的贯彻实施。运用经济方法管理企业，一般是根据经济政策、经济法规以及经济管理制度，并通过下达指令决定等行政手段来实施的。同时，任何经济方法在实施过程中，难免会遇到各种阻力，这也需要采取必要的行政手段进行干预，以保证经济手段的顺利进行。

③实行“例外”管理和采取重大的行政措施客观上需要采取行政方法。如下级向上级请示无“成法”、无规定、无先例的经营管理问题，上级应及时做出相应的解决问题的决定、指示。

（2）行政方法的内容

在企业管理中，行政方法的内容主要有以下几个方面。

①指令性计划。例如，上级下达的以及企业内部逐级分解的销售计划，下级必须按期完成。

②行政命令。命令是上级对下级发出的带强制性并有明确要求的决定。命令对下级能做什么，不能做什么，如何做，何时完成，不做或不按要求做的惩罚都有具体规定。所以，命令是下级必须立即执行的，没有讨价还价的余地。

③指示。指示是上级对下级工作的指导性意见。它也带有强制性，下级对指示中规定的任务也必须执行，但在具体执行的方法上有一定的余地，与命令相比，限制性较小。

④各种条例、规章制度、办事细则。这些都是指导职工行动的规范和准则，也带有强制性，违犯者要受到相应的处罚。

（3）运用行政方法需要注意的问题

行政方法虽然十分重要，但也不可避免地有它的局限性。因此，运用时必须注意。

①必须把行政方法限制在必要的范围内，并把运用行政方法同运用经济方法结合起来。在企业管理工作中，不适当地夸大行政方法的管理范围，甚至单纯依靠行政权力和行政手段，不利于充分调动企业和广大职工的积极性，不利于有效管理。此外，行政方法不能违背经济利益原则。所以，必须把行政方法限制在必要的范围内，并且同运用经济方法结合起来，以发挥行政方法的积极作用。

②运用行政方法必须遵循双向沟通的原则。采用行政方法应特别注意双向沟通的原则，以增加决策的透明度，提高决策的民主性与科学性。

3. *法律方法*

法律方法是指运用法律和具有法的属性的某些规定管理企业的方法。法律方法的特点是具有极大的权威性和强制性。某种经济法律、法令或条例一经制定和实施，任何单位和个人都必须严格遵守和认真执行。

（1）法律方法的作用

在企业管理中，法律方法具有行政方法、经济方法不能代替的作用。

①法律方法是建立和完善社会主义市场秩序的保证。运用法律方法管理企业，就可以从法律上保证按照社会主义经济规律、按照市场的有关规则和条例，从事合法经营。因此，法律方法是建立和完善社会主义市场秩序的有力保证。

②法律方法是建立和完善企业行政指挥系统及运行机制的保证。法律，特别是企业适用的各种法律、条例和规章制度，明确规定企业各部门之间以及企业与职工之间的责权利关系，运用法律方法管理企业，就可以使企业的行政指挥系统和运行机制在建立及完善的过程中有据可依。

（2）运用法律方法应注意的问题

①强化法律意识。要使企业管理者和员工树立法制观念，熟悉经济法律条文，重视和运用经济法规来管理企业，并且自觉遵纪守法。

②选择适当的法律调整方式。企业适用的法规、制度很多，各有不同的作用对象和作用范围，发挥着不同的作用。因此，运用法律方法调整各种外部和内部的经济关系，需要根据不同的背景条件，针对不同的客体，选择不同的法律调整方式，以期收到良好的效果。

③设置法律机构。商品流通企业生存于市场竞争的环境中，许多经济关系的处理都需要依靠法律，而且经济越发达，体现在法律关系上的情况就越复杂。企业要依靠法律保障维护本企业的合法权益，这就需要设置法律机构或专业人员。

4. 数学方法

数学方法就是建立数学模型，通过求解，寻求理想答案的经营管理方法。企业的经营活动有很多是可以表达为一定的数量关系的，所以，在企业管理中，用数量关系来精确描述经营活动是完全必要的。特别是随着科学技术和生产力的发展，企业经营活动的横向联系日益广泛和密切，所以就不能停留在一般的抽象的定性研究上，而必须对企业经营管理进行深刻细微的定量分析，使企业的人、财、物得到充分利用和有效结合与控制，从而对迅速变化的市场动态进行科学的预测，在复杂多变的环境中，不失时机地确定经营决策，以取得预期的经济效果。马克思曾经讲过，一种科学只有成功地运用数学时才能达到真正完善的地步。因此，企业有必要将一些现代数学方法引入管理领域，通过广泛运用，真正达到企业管理科学化的目的。

5. 行为科学方法

企业管理不仅是对物的管理，更重要的是对人的管理。即使有先进的设备和技术，没有人还是不行的。人是复杂的实体，用简单的经济方法、行政命令、法律强制手段来管理，不可能调动人的积极性。为了使企业广大职工能够按照企业预定的目标去行动，就必须运用心理学、社会学、行为科学的理论和方法，来引导人的行为，调动人的积极性。与此同时，还要研究顾客心理，了解市场动向，掌握消费规律，不断提高服务质量，更好地为开创流通企业新局面服务。

以上这些管理方法，互相补充、互相渗透，但不能互相代替，更不能互相对立。它们虽各有特点，但都具有科学性，是客观经济规律的要求。因此，在企业管理中必须成龙配套，结合运用。

第二节　企业管理的基本理论及其发展

管理思想是人们在漫长而重复的管理活动中逐步形成的。随着社会生产力的发展，人们把各种管理思想加以归纳总结，形成了管理理论。人们运用管理理论去指导管理实践，以期取得效果，并在管理实践中修正和完善管理理论。管理理论、管理实践、管理思想三者之间的关系如图 3-1 所示。

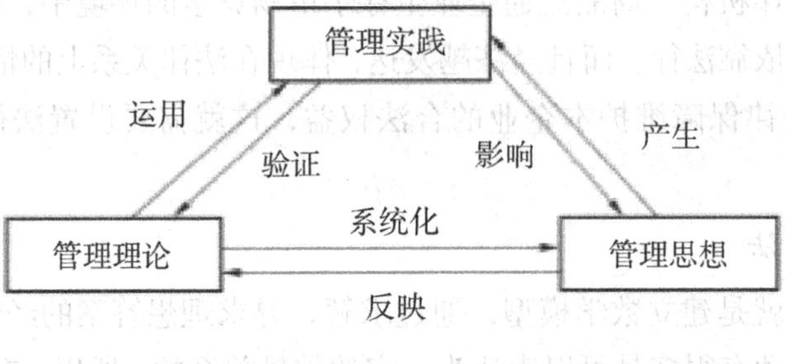

图 3-1　管理理论、管理实践、管理思想三者之间的关系

随着社会生产力的不断发展，管理理论也得到了不断深化。从产生和发展的进程来看，管理理论的形成和发展过程大致可以分为三个阶段。

一、第一阶段：传统管理阶段

（一）传统管理的特点

传统管理也称经验管理，时间是从 18 世纪工业革命开始到 20 世纪初，经历了100多年。其主要特点如下。

①管理的指导思想是惰性的，认为工人总是偷懒的，必须进行强制性的管理。

②管理的方式是家长式的，独断专行的，专制式的。

③管理的依据是个人的经验和感觉，不靠数据而靠记忆，靠主观判断来管理。没有统一的计划和管理办法，管理工作的好坏完全取决于管理人员的经验。

④工人和管理人员的培养，靠师带徒的方法，没有统一的标准和要求。

（二）传统管理时期的管理理论

传统管理时期对管理理论最先做出贡献的是英国经济学家亚当·斯密（1723—1790年），他在1776年出版了《国民财富的性质和原因的研究》一书，系统地阐述了劳动价值理论及劳动分工理论。亚当·斯密认为，劳动是国民财富的源泉，各国人民每年消费的一切生活日用必需品的源泉是本国人民每年的劳动。这些日用必需品供应情况的好坏，取决于两个因素：一是这个国家的人民的劳动熟练程度、劳动技巧的高低；二是从事有用劳动的人数和从事无用劳动人数的比例。他同时还提出，劳动创造的价值是工资和利润的源泉，并经过分析提出了"工资越低，利润就越高，工资越高，利润就降低"的结论。这就揭示了资本主义经营管理的本质。亚当·斯密在分析增进"劳动生产力"的因素时，特别强调了分工的作用。他对比了一些工艺和手工制造业实行分工前后的变化，说明分工可以提高劳动生产率。劳动分工可以使工人重复完成单项操作，提高劳动熟练程度；劳动分工可以使劳动简化，使劳动者的注意力集中在一种特定的对象上，有利于创造新工具和改进设备。劳动分工理论，不仅符合当时生产发展的需要，而且成了以后企业管理理论中的一条重要原理。

在亚当·斯密之后，英国数学家查尔斯·巴贝奇（1792—1871年）进一步发展了亚当·斯密的劳动分工理论，提出了许多关于生产组织机构和经济学方面带有启发性的问题。这一时期的著名管理学者除了亚当·斯密和查尔斯·巴贝奇之外，还有英国的空想社会主义者罗伯特·欧文，他提出了在工厂生产中要重视人的因素，这也可以使工厂获得更多的利润。所以，也有人认为罗伯特·欧文是人事管理的创始人。

二、第二阶段：科学管理阶段

（一）科学管理的特点

科学管理阶段是指从20世纪初到40年代时期，经历了近半个世纪。所谓科学管理，是指符合客观规律的管理，是指按照社会化大生产的特点和规律进行的管理。其具有的特点如下。

①为了满足社会需要而生产优质产品。

②在生产活动中不断采用新的科学技术，依靠科学技术发展生产。

③保持生产过程的连续性和比例性。

④在生产经营活动中，要求职工必须具有高度的组织性和纪律性。

⑤实行集体统一领导和指挥，按照计划进行生产经营活动。

（二）科学管理时期的代表人物及其管理理论

科学管理时期的理论主要是指以泰罗为代表的科学管理理论，以法约尔为代表的管理过程理论和以马克斯·韦伯为代表的理想行政组织理论。

1. 泰罗的科学管理理论

泰罗（1856—1915 年）是美国古典管理学家，科学管理的主倡导人，被称为“科学管理之父”。其科学管理理论的要点包括以下几方面。

第一，科学管理理论的中心问题是提高劳动生产率。泰罗认为，提高劳动生产率的潜力很大，其方法是选择合适而熟练的工人，把他们的每一道工序时间记录下来，并把这些时间加起来，再加上必要的休息时间和其他延误时间，就得出完成该项工作所需的总时间。据此制定出“合理的日工作量”，这就是所谓的“工作定额”。

第二，为了提高劳动生产率，必须为工作配备“第一流的工人”。泰罗认为，所谓“第一流的工人”，应包括两个方面的含义：一是该工人的能力最适合他所从事的工作；二是该工人从内心愿意从事这项工作，所以要根据人的不同能力和天赋把他们分配到适宜的工作岗位，使之成为一流的工人。对那些不适合所从事工作的工人，应加以培训，使之适合工作需要，或把他们重新安排到其他适宜的工作岗位上去。培训工人成为一流的工人，是企业管理当局的责任。

第三，为了提高劳动生产率必须实现标准化。标准化是指工人在工作时，要运用标准工作方法，而且所使用的工具、机器和原材料以及作业环境都应实现标准化。泰罗认为，必须用科学的方法对工作的操作方法、使用工具、劳动和休息的时间进行搭配，以及对机器的安排和作业环境的布置等进行分析，消除各种不合理因素，把各种最好的因素结合起来形成一种最好的标准化了的方法，而这种方法的制定是企业管理者的首要职责。泰罗通过推行标准化，使当时伯利恒钢铁公司的铲运工由平均每天铲运生铁 16 t 增加到 59 t，每吨操作成本由 7.2 美分降至 3.1 美分，工人工资由每天 1.15 美元增加到 1.85 美元。

第四，在制定标准定额基础上实行差别计件工资制，按照作业标准和劳动定额，规定不同的工资率，对完成和超额完成定额的人，以较高的工资率支付工资，对完不成定额的人则按较低的工资率支付工资。

第五，工人和雇主双方都必须来一次“精神革命”。泰罗认为，工人追求的是高工资，资本家追求的是高利润，劳动生产率提高了，不仅工人可以增加工资，而且资本家可以获得高额利润。因此，泰罗认为，劳资双方必须变相互对抗为相互信任，共同为提高劳动生产率而努力。

第六，把计划职能同执行职能分开，即把原来的经验工作方法变为科学的工作方法。泰罗指出，有意识地把以前由工人承担的工作分成计划职能和执行职能。计划职能归企业管理当局，并设立专门的计划部门来承担。现场的工人，则从事执行职能，由不同的职能工长，按照计划部门制定的方法和指令，使用规定的标准化工具带领工人负责执行。

第七，对组织机构的管理控制实行例外原则。所谓例外原则，就是企业的高层管理人员把一般日常事务处理权授给下级管理人员，而自己只保留对例外事项（即重要事项）的决策与监督权。提出例外原则，是泰罗的又一重大贡献，其目的是解决总经理的职责权限问题。他认为，在设置了计划职能和执行职能制后，总经理应避免处理工作中的细小问题，而只有“例外”情况和问题才由自己处理。

第八，实行职能工长制。泰罗认为，为了使工长能够有效地履行职责，必须把管理工作细分，使每个工长只承担一种职能，这种做法使一个工人同时接受几个职能工长的指挥，易造成混乱，所以，没有得到推广。但这种思想为后来职能部门的建立和管理专业化奠定了基础。

2. 法约尔的管理过程理论

法约尔（1841—1925 年）出生于法国，他是欧洲古典管理理论在法国的杰出代表，被称为“管理过程理论之父”。法约尔的代表著作是1916年发表的《工业管理与一般管理》。法约尔的管理过程理论包括以下几个方面。

第一，区分了经营与管理的概念，并论述了人员能力的相对重要性。法约尔认为，经营和管理是两个不同的概念。任何企业都有六种基本活动或职能，即技术、商业、财务、安全、会计、管理，在各类企业中，下属人员的主要能力是具有企业特点的职业能力，而较上层人员的主要能力是管理能力，而且随着地位的上升，管理越来越重要。

第二，概括并详细分析了管理的五项职能，即计划、组织、指挥、协调、控制。法约尔认为，计划是最重要的管理职能，计划不周常常是企业衰败的起因。企业中的组织包括人力和物力的组织。在配备了必要的物质资源后，管理人员只有通过合理组织，才能够完成他们所承担的任务。组织作用的发挥离不开指挥，即把任务分配给各类领导人员，使他们都承担相应的职责。协调与控制，就是要统一、调节、规范所有的活动，防止和纠正工作中可能出现或已经出现的偏差。

第三，管理的十四条原则。法约尔提出的管理的十四条原则是，分工、职权与职责、纪律、统一指挥、统一领导、个人利益服从整体利益、人员报酬、集中化、等级链、秩序、公平、人员稳定、首创精神、团结精神。

第四，阐述了管理教育和建立管理理论的必要性与可能性。法约尔认为，企业对管理知识的需要是普遍的，而单一的技术教育适应不了企业的一般需要。他认为，人的管理能力可以通过教育来获得，缺少管理教育是因为缺少管理理论，因此，应尽快建立管理理论，并在学校中进行管理教育，使管理教育起到技术教育那样的作用。

3. 韦伯的理想行政组织理论

韦伯（1864—1920 年）是德国古典管理理论的代表人物，他先后写了《新教伦理与资本主义精神》《经济史》《社会组织与经济组织理论》等书，因此，被称为“组织理论之父”。韦伯的理想行政组织理论的基本内容如下。

第一，权力论。韦伯认为，任何组织都必须以某种形式的权力为基础，才能实现目标，只有权力，才能变混乱为秩序。他认为，古往今来，组织赖以建立的权力有三种形态：一是传统权力；二是超凡的权力；三是理性—法律的权力（合法的权力）。韦伯认为，以传统权力或超凡的权力为基础建立的组织不是科学的、理想的组织，只有建立在合理、合法权力基础上的组织才能更好地开展活动，是理想的组织。这种组织在精确性、稳定性、纪律性和有效性等方面，比其他组织都优越。韦伯称这种组织为官僚制组织。

第二，理想的行政组织体系。韦伯认为，理想的行政组织体系的基本特征如下：有明确的劳动分工，有自上而下的指挥系统，通过正式考试的成绩或培训中取得的技术资格来挑选组织的所有成员。实行任命制，公职人员都是专职的，并有固定薪金保证。

三、第三阶段：现代管理阶段

（一）现代管理的特点

现代管理阶段是指从20世纪40年代开始直到现在。现代管理与科学管理相比，具有以下几个显著特点。

①突出了经营决策，提出“管理的重点在经营，经营的重点在决策”。

②广泛运用现代管理工具和现代科学技术。如将计算机、运筹学、价值工程、网络技术等应用于生产经营管理，极大地提高了管理效率和管理水平。

③实行以人为中心的管理。提出了以尊重人为号召，以激励人为手段，并进行智力开发投资，即对职工进行智力开发投资，对职工实行终身教育。

④实行系统管理。把系统论、控制论原理引进企业管理中来，把整个企业看作一个动态开放的系统。应用系统工程原理是从系统最优化观念出发进行经营决策的。

（二）现代管理学派及其管理理论

1. 管理过程学派

该学派的代表人物有美国的哈罗德、孔茨和西里尔、奥唐奈。管理过程学派强调对管理过程和职能进行研究。其基本研究方法是，首先把管理人员的工作划分为管理职能，其次对管理职能逐项进行研究，从丰富多彩的管理实践中总结管理的基本规律，以便详细分析这些管理职能。他们认为，从实践中概括出的管理规律对认识和改进管理工作能发挥说明与启示作用。

2. 经验主义学派

这一学派的代表人物是美国的彼得·德鲁克，其代表作是《有效的管理者》。经验主义学派认为，有关企业管理的科学应该从企业管理的实际出发，以大企业的管理经验为主要研究对象，以便在一定的情况下把这些经验加以概括和理论化。他们认为，成功的组织管理者的经验是最值得借鉴的。因此，经验主义学派重点分析许多组织管理人员的经验，然后加以概括，找出成功经验中具有共性的东西，再使其系统化、理论化，并据此向管理人员提供实际的建议。

3. 社会系统学派

该学派的代表人物是美国的巴纳德。他的主要观点集中表现在其所著的《经理的职能》一书中，巴纳德被誉为“现代管理理论之父”。巴纳德的基本观点可以概括为以下几点：一是提出了社会的各种组织都是一个协作系统的观点；

二是分析了正式组织的三个基本要素，即成员的协作意愿、组织的共同目标和组织内的信息交流；三是提出了权威接受理论，认为权威的存在，必须以下级的接受为前提；四是对经理的职能进行了新的概括，经理的主要职责是建立和维持一个信息交流系统、得到必要的个人努力、规定组织目标等。

4. 决策理论学派

该学派的代表人物有美国的西蒙和马奇。他们的代表著作主要是《组织》和《管理决策新科学》。西蒙以其对决策理论的重大贡献而荣获 1978 年度诺贝尔经济学奖。决策理论学派的主要观点有五项。一是强调了决策的重要性。二是分析了决策过程中的组织影响，即发挥组织在决策过程中的作用。三是提出了决策的准则。只有“令人满意”的标准，才是更合理、更可行的准则，而并非最优化。四是分析了决策中的组织作用。他们认为，决策应尽可能地提出可行的替代方案，预测这些方案可能出现的结果，并根据一定的价值体系对这些结果做出全面比较。五是归纳了决策的类型和过程。根据决策所给的条件，他们把决策分为程序化决策和非程序化决策两类。

5. 系统管理学派

该学派的代表人物是美国的卡斯特和罗森茨韦克。《系统理论和管理》《组织与管理：系统方法与权变的方法》是他们的代表作。两人的主要贡献有两方面：一是把管理组织视作一个开放的系统；二是对组织的运行进行系统分析，他们把组织看成一个复杂的“投入 - 产出”系统，在这个系统中，各种资源依次经过一定的流程，达到组织设计的目标。

6. 权变理论学派

该学派的代表人物有英国的伍德沃德和美国的菲德勒等。他们的代表著作有《工业组织：理论和实践》《领导方式的一种理论》等。权变理论学派的基本思想是，管理中并不存在什么最好的方法，相反，管理者必须明确每一情境中的各种变数，了解这些变数之间的关系及其相互作用，把握原因与结果的复杂关系，从而针对不同情况灵活变通。权变理论学派认为，对管理中的各种可变因素，可以从六个方面加以考察：组织的规模；组织中人员的相互联系和影响程度；组织中成员的技巧、能力、志向、兴趣以及个人性格；目标一致性；决策层次的高低；组织目标的实现程度。权变理论产生之初，受到一些管理学者的高度评价，认为它具有光明的前景，是在环境动荡不定情况下进行管理的一种好方法，也有人预测它可能是管理理论的“走出丛林”之路。

7. 行为科学学派

行为科学是研究人类行为规律的科学。行为科学的发展是从人际关系学说开始的，其代表人物是梅奥。他通过著名的“霍桑实验”创立了人际关系学说，认为职工是“社会人”，企业中存在着非正式组织。梅奥得出的主要结论是，生产效率不仅受物理的、生理的因素影响，还受社会环境、社会心理的影响。梅奥所创立的人际关系学说为后来的行为科学研究奠定了基础。

8. 管理科学学派

管理科学学派的代表人物是布莱克特、丹齐克、丘奇曼等。该学派是泰罗的科学管理理论的延续和发展，它以运筹学、系统工程、电子技术等科学技术为手段，从操作方法、作业水平的研究向科学组织研究扩展，同时吸收了现代自然科学和技术科学的新成果，形成一种现代的组织管理学。管理科学原理有以下几个主要特点：一是生产和经营领域的各项活动都以企业总体的经济效益为评价标准，即要求行动方案能以总体的最少投入获得总体的最多产出；二是借助数学模型求得最优实施方案，使各项活动效果定量化；三是广泛应用电子计算机进行各项管理活动；四是强调运用先进的科学理论和管理方法，如系统论、信息论、控制论、运筹学、概率论等数学方法和数学模型。该学派的主要观点是利用数学、自然科学和社会科学知识，对管理问题建立数学模型，并进行求解，从而进行系统研究。

第三节　传统企业管理现状及策略

本节对传统企业管理现状展开研究，在分析当前管理存在的问题的基础上，进一步提出有针对性的对策。

一、传统企业管理现状

（一）内、外部环境发生显著变化

传统企业在发展初期，通过政府相关政策倾斜，通过快速积累资源，迅速增强了实力。但是随着发展模式和发展环境的转变，政府政策环境、资源环境、社会生活环境均发生了明显变化，传统企业管理模式已不适应当前高质量发展的要求。

过去几十年，传统企业一般通过地方招商引资或政府扶持，成为当地龙头

企业或地方支柱性企业，带动当地人口就业与经济发展。随着市场经济的复杂化和原料成本、劳动力成本上升，传统企业逐渐失去政策、资源等优势，在早期布局中，传统企业过于依赖资源环境和人力市场，从企业内部看，劳动力的优势逐步转化为人力成本负担，资源成本逐渐加大，企业社会负担沉重。

（二）产业升级内生动力不足

传统企业管理，缺乏足够的内在动力源。具体分析如下：首先，传统企业管理方式、手段较为单一，以家族式或合伙式企业为主，资金股权方式较为单一，市场抗风险能力和企业发展能力较弱；其次，传统企业科技创新环境弱化，科技创新投入不足，产业链不完整；最后，领导方式和水平决定企业的发展情况，领导决策的科学化、合理化制约着企业的发展。

（三）管理体制和运营模式比较落后

最初的以产业发展为核心的管理体制行政化色彩浓重，审批流程冗杂，组织运行缓慢，管理体制和运营组织已严重制约了企业的经营发展。首先，政府条块化管理体制与传统企业冲突。政府管理体制对成立之初的传统企业而言具有积极的促进作用，行政模式对传统企业的快速成长具有好处，但是随着传统企业发展进入追求高质量发展阶段，原有的管理体制的弊端就凸显出来了。其次，项目运营模式不符合当前实际需要。传统项目运营从前期谈判、政策协商，到项目审批、开工，再到项目运营、政策申报等，往往由一个固定组负责，运营模式单一、效率低。

二、传统企业管理问题解决对策

（一）明确升级方向

笔者认为，传统企业管理方向应该是，利用创新创业契机，充分利用市场竞争核心要素提高创新能力和科研能力，创新产业业态，按照企业经营战略进行宏观环境分析、行业环境分析、企业 SWOT 综合分析等，结合企业生命周期理论，界定传统企业处于行业生命周期中的什么阶段，分析国内消费市场升级大形势所带来的市场机会，考虑国际市场的情形，结合发展区域内循环经济契机，牢牢抓住政府导向、民生问题、清洁能源，逐步转化管理的功能定位。

（二）找准升级定位

根据国内其他传统企业管理的发展经验，逐步将发展定位转移至服务综合多元化，降低改革转型成本。同时，结合地方政府相关指导建议及政策倾斜，找准市场定位，抓住行业、企业最佳升级期，这不仅可以有效利用相关资源，也能够把握市场大形势带来的机遇，完成企业转型升级。

（三）强化管理体制

针对管理体制滞后的问题，传统企业管理应该认识到当前的管理体制影响了升级的效能发挥，阻滞了升级的进程。因此，要正确看待体制转化问题。在初创期，传统企业必须采用行政式管理体制，因为这种体制可以快速集中资源，为传统企业管理的健康发展奠定良好的基础。但是随着内外部环境的变化，传统企业管理当前的体制已经无法适应市场需求，也不能满足内在的发展要求，因此体制改革势在必行。同时，管理者也无须过度放大管理体制问题，要结合实际情况，沉着冷静，有步骤地实施管理体制变革，如引入质量体系建设、根据企业特征构建管理层级等方式改变组织结构，形成科学管理体系。

（四）加强精细化管理

保留体制中有利的因素，摒弃过时的成分。传统企业在发展初期，主要充当的是类似开发公司的职能，当管理职能不断扩充、管理的事务日渐复杂时，一个分工明确、精细化管理的体制更能适应传统企业发展的要求，原则上应该通过精简机构来实现提高传统企业运转效率，同时也要考虑到传统企业的实际情况，针对不同的产业要求和特性进行具体分析，这样才能保障产业升级的效能。

根据企业的不同特征，引入科学、合理的管理模式，从组织架构入手，结合企业自身实际情况，逐步加强分工与协作，提高企业运行效率，保证企业转型升级。

第四节　企业管理创新的作用和必要性

一、企业管理创新的作用

从世界的发展历程看，产业革命的发源地英国依靠成功的管理实现了工业的发展，成为当时世界上最强大的国家。到 20 世纪，美国在借鉴英国管理理论的基础上，首创了具有划时代意义的泰罗科学管理理论。在泰罗科学管理和其他代表人物管理理论的推动下，美国经济飞速发展，并超过英国，成为世界上的经济强国。第二次世界大战后，美国企业又实现了第二次“管理革命”，即由全面质量管理向企业再造的方向转变；美国自 20 世纪 90 年代出现经济复苏以来，已经持续七年的经济增长，都与管理不断创新有关。20 世纪 70 年代以来，日本出现经济发展的奇迹，主要得益于“技术引进”和“管理创新”两大法宝。特别是后者，对日本经济的发展起到至关重要的作用。因为，日本创造了适应社会化大生产需要的，又具有本国特色的生产经营管理方式。对此美国的管理学者也认为，日本经济快速发展的主要原因在于他们的管理创新技能。

我国许多经营失败的企业经验与教训也告诉人们，管理创新是企业发展的永恒主题，贯穿于企业生命的始终。其原因在于，管理创新可以对企业发展产生诸多作用。

（一）提高企业经济效益

管理创新的目标是提高企业有限资源的配置效率。这一效率虽然可以在众多指标上得到反映，如资金周转速度加快、资源消耗系统减小、劳动生产率提高等，但最终还要在经济效益指标上有所体现，即提高了企业的经济效益。提高企业经济效益有两个方面：一是提高目前的效益；二是提高未来的效益即企业的长远发展。管理诸多方面的创新，有的是提高前者，如生产组织优化创新，有的是提高后者，如战略创新与安排。无论是提高当前的效益还是未来的效益，都是在增强企业的实力和竞争力，从而有助于企业下一轮的发展。

（二）降低交易成本

钱德勒认为：“在一个企业内把许多营业单位活动内部化所带来的利益，要等到建立起管理层级制以后才能实现。”即管理层级制的创新，使得现代企业可以将原本在企业之外的一些营业单位活动内部化，从而节约企业的交易费用。这就很明显地证明了管理及管理创新对企业发展和企业效益提高的重大作用。

（三）促进企业稳定与发展

企业管理的有序化、高度化是企业稳定与发展的重要力量。常有人说管理与技术是企业发展的两个轮子，倘若管理是如此的话，管理创新自然更是如此，因为管理创新的结果是为企业提供更有效的管理方法和手段。管理创新对稳定企业、推动企业发展所起的作用可以从诸多方面来看。管理层级制一旦形成并有效地实现了它的协调功能后，层级制本身也就变成了持久性、权力和持续成长的源泉。因为用来管理新型多单位企业的层级制，则有持久性，它超越了工作于期间的个人或集团的限制。当一名经理退休、升职或离职时，另一个人已做好准备，他已受过接管该职位的培训。因而人员虽有进出，企业机构和职能却保持不变。管理层级制的这一创新，不仅使层级制本身稳定下来，也使企业发展的支撑架稳定下来，而这将有效地帮助企业长远发展。

（四）拓展市场，帮助竞争管理创新

在市场营销方面，则将帮助企业有力地拓展市场、展开竞争。企业在进行市场竞争和市场拓展时，将遇到众多竞争对手，即厂商和顾客，因此这一竞争过程实为多个博弈对象的动态博弈过程。一个企业若能在这一过程中最先获得该博弈的均衡解，即管理创新的具体方案，便能战胜对手，获得博弈的胜出。这个解无非是在能预见对手们的相应对策条件下寻找出最佳的、新的市场策略和运行方式而已，这就是一种管理的创新。许多跨国公司在瞄准中国市场后，所采取的一系列市场行为，均有其战略意图，意图本身就是一种创新。

（五）有助于企业家阶层的形成

现代企业管理创新的直接成果之一，按照钱德勒的看法是形成了一支支新的职业经理层即企业家阶层，这一阶层的产生，一方面使企业的管理处于专家的手中，从而提高了企业资源的配置效率；另一方面使企业的所有权与经营管理权发生分离，推动企业更健康地发展。钱德勒指出："当多单位工商企业在规模和经营多样化方面发展到一定水平，其经理变得越加职业化时，企业的管理就会和它的所有权分开。"职业经理层的形成对企业的发展有很大作用，因为对支薪的企业家而言，企业的存续对其职业有至关重要的作用，他们宁愿选择能促使公司长期稳定和成长的政策，而不贪图眼前的最大利润，职业企业家从这一角度，必然更进一步关心创新，关心管理创新，因为他们知道管理创新的功效，因此职业企业家往往成为重要的管理创新的主体。

以上五个方面不过是管理创新对企业发展的诸多具体作用的一部分，但足以证明管理创新在企业生存和发展中的地位。正因为如此，研究管理创新，探讨管理创新的未来，既有理论意义又有非常重要的现实意义，特别是目前中国的企业正处在进行制度改革和创新的时期，尤其需要管理创新加以配合，以便成为真正的市场主体。

二、企业管理创新的必要性

（一）企业管理创新是建立社会主义市场经济的要求

长期以来，我们实行的是高度集中的计划经济体制，并形成了一套企业管

理制度和方法。在体制方面进行了很多改变，如宏观体制、微观体制，如今都发生了很多的变化，这些变化毫无疑问也要求管理体制和管理方法的变化与创新。事实上，在这方面我们已经做了不少工作，取得了一些成绩，但是从整体来看还存在很大差距。不少企业的管理制度和管理机构还不适应社会主义市场经济的要求，国有制特别是国有企业如何才能有机地与市场经济相结合还需要我们从制度上和管理上去努力探索。如何把所有者对企业的有效监督和发挥经营者的积极性有效结合起来的问题还没有解决；已经进行公司化改造的企业法人治理结构还很不规范，所谓“老三会”和“新三会”的关系还没有理顺；与市场相适应的劳动人事制度也还没有真正建立起来。

（二）企业管理创新是信息技术飞速发展的要求

现代信息技术运用于企业管理，使企业管理发生了根本性的变化，对企业管理提出了严峻的挑战，这些挑战主要表现在以下几个方面。第一，在管理思想上，要从重视机构管理转向人本管理。第二，在企业管理组织方面，要求减少企业管理层次，提高信息快递和反馈的速度，提高管理效率。第三，在管理手段和队伍建设上，企业要加大对信息技术的投入，培养能够掌握和运用现代技术的队伍。第四，要求管理人员尽快转变思维方式，更新知识结构，以适应时代的变化。第五，要求经济决策方面注重掌握和运用决策支持系统，提高企业管理者的决策水平，提高工作效率，提高决策的科学性和可靠性。第六，加速推进企业的再造工程，对公司企业流程进行更新安排和彻底更新。总之，信息技术的发展对企业管理提出了更高的要求。

（三）企业管理创新是经济全球化的要求

经济全球化主要表现在三个方面：一是贸易的全球化，二是生产的全球化，三是金融全球化。这种经济全球化的趋势越来越明显，特别是我国加入世界贸易组织之后，这个问题已经非常现实地摆在许多企业面前。经济全球化对我国来说过去已经进行了一些。加入世界贸易组织后，这种步伐肯定要加快，所以，对许多企业来说，竞争更加激烈，也要求我们在管理上创新。

当然，企业管理创新涉及许多方面，而且很复杂，它要求我们处理好企业管理创新与企业改革的关系，企业管理创新与引进国外的先进的管理思想、管理理论、管理方法和手段的关系，以及企业管理创新与加强管理基础工作的关系。总之，企业管理创新是非常重要的问题。

第四章　大数据时代企业管理的创新发展

伴随着信息技术的高速发展，我国已全面进入大数据时代。大数据时代，对企业管理工作提出了更高的要求，企业管理也步入了新的阶段，大数据为企业管理带来了新的挑战，同时也带来了创新。以往传统、单一的管理模式，已经无法满足企业的发展需求，在很大程度上抑制着企业的进一步发展。在这种情况下，企业想要适应时代的需求，提高竞争力，实现可持续发展，就必须做出积极的应对，提出新的管理创新办法。

第一节　大数据时代企业管理面临的挑战与机遇

一、大数据时代企业管理面临的挑战及解决对策

（一）面临的挑战

1. 未形成有效的大数据思维

大数据的思维方式较为复杂，并已影响到每一个行业。例如，百度可以根据用户的浏览搜索情况、点击量等，精准推送信息，满足用户多方位的浏览需求；淘宝可以根据用户浏览商品的信息，分析用户购买力、喜好等，针对性地推送商品信息。而这些准确的信息定位就是大数据运行的结果。

当前，人们对大数据达成了以下几点共识：第一，分析数据可使结果分析更精准；第二，每一处数据都会被相应的方法捕捉到；第三，重视相关性；第四，运用科学计算思维构建立体模型。虽然人们对以上四点已经形成了共识，但是部分企业在管理中难以做到这四点。例如，在数据分析上，数据分析产生精准结果是在定性轻以及重视定量的基础上形成的，但多数企业则相反，重视的是定性而非定量，在结构、属性等未明确的情况下，匆匆定下结论，造成企业管理、营销相混，与大数据思维不相符，无法充分发挥大数据的积极作用。

还有很多企业在管理中照搬传统管理方式，注重因果关系，任何事都要刨根问底。而大数据时代下人们更加追求相关性关系，而并非因果关系。面对数量众多的大数据，我们只是知道了表象“是什么”，而未能了解深层的含义“为什么”。

2. 数据信息真实性与可靠性要有效选取

大数据时代，数据是企业的无形资产，但是，企业所收集的数据是否有价值，是否有挖掘空间才是最重要的。但是即使是高级的数据库，也可能搜索出没有价值的垃圾数据，这些数据会给管理者决策造成负面影响。因此，无论是哪种数据来源，都要求企业能够对这些数据的真实性、可靠性进行甄别。

3. 数据分析的局限性

当今数据信息已经改变了人们的日常生活，但也要求人们认识到，大数据分析由于技术的限制，局限性大。企业决策者需要认识到，大数据虽然可以给人们生活带来方便，企业管理、经营决策也可根据大数据模型来分析、解决，但管理者无法通过技术来预测活动，难以消除活动中存在的不确定性，更不能分析其价值观、情感表达。大数据虽然已融入各个行业，但其本身并不完善，企业必须认识到这一情况，采用先进技术和灵活思维优化大数据存在的漏洞，不断创新，灵活运用大数据才是最正确的途径。

4. 企业管理落后，不会变通

改革开放之初，很多企业都从中获利。当时传统实体经济作用非常大，但时代在进步，随着时间的推移互联网迎来了高速发展期，很多传统企业未能适应互联网发展大潮而渐渐失去了竞争力，最后只能“关门”。当前虽然有部分企业开始意识到网络平台的重要性，并想通过网络来“谋生”，但是早期管理思想、模式依然滞后，管理者思想依然局限于传统数据库信息中，不符合当代消费者的消费观念。企业缺乏大数据操作人才，也难以获取有效信息数据，无法确保数据的及时性与准确性。而大数据则改变了传统管理方式，影响到传统媒体与金融业。

（二）解决对策

1. 推动扁平化管理

在正式步入网络时代之前，管理者向下级传达一系列的指令与通知时，通常都是先传递给中层，再传递给基层，这是纵向管理方法，这种信息传递方式往往会造成数据信息失真。同时，如果基层出现了问题要及时汇报给企业领导，还要一级一级地传递上去，中间过程非常多，很有可能错过最佳的有效处理时间点。

大数据时代不管是管理者所下达的命令，又或是基层所提交的问题，均可通过平台统一发布。这是由于在网络背景下，信息传播快速、方便，能最大限度地避免信息传达时的多阶梯传送，能确保信息的准确性，实现扁平化管理。这种信息的扁平化能有效减少企业层级结构，运用信息化的管理方法，可以帮助企业管理人员实时快速获取员工动态，并及时告诉员工管理的情况。所以大数据时代的管理模式已从“金字塔”情况转向了扁平化管理。例如，美国微软公司就是构建了数字神经系统，该系统主要用于员工发布信息、共享信息，这样即可保证信息发布和反馈的实时性。

2. 积极采用科学决策方法

（1）有效掌握大数据

《时代周刊》指出，不管是哪一个领域，如政治、公共、商业等，直觉、经验决策的优势不断下降。大数据时代下需要采用合理、科学的决策方法。在传统企业管理模式下企业管理者要找出问题及其产生的原因，这极有可能错过问题的最佳解决时间。在大数据时代下，管理者必须转变决策思维，只需要对数据分析得到相应结论即可，无须挖掘数据信息的根源。

（2）决策大众化

传统企业决策模式都是通过高管进行决策的，一旦决策产生错误就会使企业在经营发展中产生较大的失误，甚至可能因此而“关门”。大数据时代下，企业获取信息的渠道众多，而且信息架构也较为完善，因此决策主体需要由高层决策转向大众决策，这样才能够保证决策信息的完善性。

（3）事先预测

大数据的到来为企业事先预测提供了多种可能，企业管理人员通过收集各种信息为决策者提供有用的信息，确保信息支持的有效性，避免事后解决问题的情况，导致决策信息过于滞后。例如，Farecast 系统，采用数据分析，预测机票价格精准率达 80%，每一张机票可为客户至少节约 50 元。可见，大数据预测可突出其动态性、时效性、规律性，并且在企业管理中可以全面掌控数据的三种特性，为企业管理决策注入新的活力。

3. 展开大数据库营销管理

企业需要时刻获取单个用户的数据信息，并和相关用户信息数据结合分析，这样即可更好地掌握市场消费趋势，为企业后续发展提供有效帮助。通过对大数据进行分析、预测，可以分析行业发展、市场发展的趋势，对新市场进行洞察，及时把握市场机遇，将错误数据、虚假数据进行判定和过滤，提取更有价值的数据信息，帮助企业管理层做出科学决策。

在大数据时代下，以产品为核心的营销思维已不适应市场发展趋势，消费者更加注重个性化服务，所以必须以客户为销售核心。第一，开展大数据营销的基础是对消费者行为分析。企业结合产品的信息浏览时间、频率、使用率、访问习惯等，对消费者购买行为展开分析，以此得到用户的数据信息。第二，选择具有价值的信息，根据用户在网上的搜索记录等，对信息进行整理、甄别，选择目标客户。第三，做好用户体验，在满足客户需求时为他们提供超出预期的体验，为用户提供优质化的服务。

4. 全面利用可视化工具

现如今，可视化数据要比文字数据更有竞争力，它深度挖掘、诠释了数据间的相关性及发展态势。数据可视化要同时实现可视性、交互性、多维性。特别是在大数据时代下，新型可视化工具要具备的特性包括四个方面：第一，简洁的界面，容易操作；第二，多样化的展现形式；第三，多样化的数据集成；第四，实时更新。通过可视化展现产品，可以更吸引客户眼球，也能够更加直观地展现产品功能。

二、大数据时代企业管理面临的机遇

（一）从大数据中充分及时地挖掘顾客的需求

大数据的出现使得企业不再需要通过调查问卷等形式来了解客户群，对大数据的利用和整合使得企业更能清楚地看到顾客的偏好。例如，在网络购物盛行的今天，人们经常在邮箱中收到根据自己的偏好所推荐的产品等信息，而这些偏好信息从哪里来，当然是根据人们在网络购物中所浏览的产品、收藏的产品以及订单购买的产品而来。而商家通过网络平台，可以很轻易地得到这些信息，根据这些信息，不仅可以向顾客推荐降价优惠产品，也可以调整自己的生产库存量，产品设计倾向，还可以在顾客的消费评价中找到需要改进的地方。在这种情况下，不仅方便了消费者，更为商家提供了一条捷径。

（二）充分挖掘数据资产价值

大数据专家舍恩伯格曾把大数据比喻成一座金山，只放在那里什么都不会得到，只有不断地探索挖掘这座金山，才能收获大数据掩埋下的真正价值。这个比喻也充分说明了大数据低密度价值的特性。企业要想充分发挥大数据的作用，就需要不断提升自身数据挖掘和分析的能力。大数据时代，传统的方式已经无法处理巨大的信息量和复杂的数据结构，企业可以借助基于云计算的数据信息系统实现对大数据的管理、分析、利用。大数据表面的信息是很容易被企业发现的，其价值低廉；而那些被庞大数据量所掩盖起来的信息，只有极少数企业经过深度挖掘才能获得，其蕴含了巨大的商业价值。拥有了这些信息的企业将在激烈的市场竞争中抢占先机。

（三）提升企业的内部控制水平

不完善的内部控制体系，是我国中小企业难以持续发展的重要原因。在大数据背景下，采用大数据建设公开透明的企业信息化平台，可以有效遏制企业管理者的集权行为，使企业内部人员在工作时有更多知情权、话语权和选择权，从而提高企业员工的工作积极性。同时，在大数据技术下企业对风险的敏感度也相对提升。通过大数据分析，企业可以迅速地感知潜在的内部风险和外部风险，并针对风险积极应对，提高企业预防风险和抵御风险的能力。将大数据技术融入企业中，可以让企业员工在工作时对自己的权限更加了解，监督并规范企业在进行运营管理时的各种活动行为，从而加强企业的内部控制活动。中小企业可以将大数据运用到自身内部控制系统的各个要素中，从而全面提升企业的内部控制水平。

（四）高效节约地组织管理企业

通过对企业所掌握的大数据的分析，可以轻易地发现组织管理中效率较低的地方，从而改进目前的管理制度设计和方法，使得企业管理变得更加高效。特别是在物流业中，将道路状况、交通信息和天气条件以及客户的位置结合起来进行配送安排，可以大大减少资源的浪费。例如，沃尔玛的成功即源于其对大数据的成功应用，它的采购、库存、订货、配送和销售已实现一体化，在节省很多时间的前提下，加快了物流的循环。高效的运行效率，使其总是先人一步，进而在激烈的市场竞争中脱颖而出。

第二节　大数据时代企业管理创新方式

管理创新是企业永恒的话题。随着大数据时代的到来，企业经营环境不断变化，管理创新的领域和内容也在不断地发生着新的变化，特别是进入知识经济时代以来，要做一流的企业必须实施一流的管理，而一流的管理产生于自身的土壤之中。当人们为许多一流企业的业绩惊叹不已时，也应该看到这些企业在管理方面的独特做法。无论是日本的松下还是我国的海尔，这些企业的成功，无不源于管理创新。管理创新既可以是新的有效资源整合，以达到企业目标和责任的全过程管理，也可以是新的具体资源整合及目标制度等方面的细节管理。例如，提出一种新的经营思路、经营理念并加以有效实施；创造一个新的组织机构并使之有效运转；提出一个新的管理方式或设计一种新的管理模式；等等。在大数据背景下诸多方面的管理创新活动中，最主要、最直接的创新方式应包括以下几个方面。

一、观念创新

企业的发展，经济形态的转变，离不开思想的不断解放和观念的不断更新。马克思的存在决定意识原理告诉我们，企业经营和管理环境的变化将直接导致企业所有者、经营者以及企业从业人员的观念转变，从面推动企业的不断创新。

从国际环境看，自20世纪90年代以来，世界企业开始掀起新一轮的管理变革浪潮，新的经营理念和管理学说应运而生。从国内环境看，经济体制尚处于转轨时期，政企分开的制度环境正在营造过程中，企业制度双轨制并存并呈胶着状态，传统的管理思维和方式还在顽强地发挥着作用。但从现代企业制度要求的管理科学的高度看，必须摒弃越来越不适应国内外经营环境的企业管理思想，这就要求我们借鉴国外的先进管理思想，结合中国国情，善于总结企业改革中脱颖而出的管理新思潮，树立市场观念、竞争观念、效益观念、信息观念、战略观念、营销观念、人才观念等各种以社会主义市场经济为核心的新理念。只有这样，才能适应迅速变化的企业内外环境。

在观念创新中，最重要的是要树立知识管理的新理念；在传统的企业管理中，人们常常忽略知识这一资源。它突出地表现在管理理论体系及其实践上，主要集中在对企业人、财、物的管理，而忽略知识资源或者是融知识于其中的企业智力资本和无形资产的管理。

在知识经济时代，知识资源对经济增长起着巨大的作用。虽然实物资产和金融资产仍是企业生产活动中不可或缺的稀缺资源，但企业赖以生存和发展的却是起决定性作用的知识资源。在当前如此激烈的市场竞争中，企业只有靠不断的企业创新才能赢得市场，而企业创新的源泉恰恰是知识资源。知识资源为企业创造着巨大的市场机会和财富，是企业在激烈的竞争环境中获取竞争优势的根本。因此，企业必须精心对待知识资源，加强企业的知识管理，开展全方位的企业知识管理，加强对知识资源的充分开发和利用，这样才能增强企业创新的深度和广度。企业才有可能在激烈的市场竞争中立于不败之地，才有可能赢得生存和发展壮大的机会。

二、组织创新

现代企业面临的市场环境是一种瞬息万变的复杂环境，根据绝大多数企业当今所处环境的共性来说，建立一个有弹性、有重点、快速反应的组织结构是比较理想的。为此，企业必须设计好自己的权利分配：是集权还是分权。还必须设计组织的管理层次与管理跨度：是垂直型较窄的管理跨度模式还是扁平型较宽的模式，鉴于人们不断对速度的追求，权威式的由上而下的金字塔型领导结构逐渐被扬弃，取而代之的是权力下放的扁平化组织。组织结构扁平化是指通过减少管理层次，裁减冗余人员，分散权力，建立一种紧凑的组织，使组织变得灵活、敏捷，以提高组织效率和效能。

当今管理学界，对组织结构也有一些新的理论与创意。最著名的当数哈默和钱皮的公司再造及彼德·圣吉的学习型组织。哈默和钱皮认为，公司再造是根据信息社会的要求，彻底改变企业本质。该理论抛开传统分工理论的包袱，将生产、销售、人事、财务、管理信息等部门的组织结构按自然跨部门的作业流程重新组建。事实上，由于今天信息技术的高度发展，效率不一定像传统的企业管理所描述的那样产生于专业化的分工，而很可能产生于整合之中。当代组织所面临的关键问题多属于综合性管理问题，若将这种问题硬性规定为某一专业化的所属范围，则很难有效处理由此引起的症结。公司再造的倡导者认为，对这一类综合型问题最有效的解决办法，是动用信息技术对其进行整合处理，进行一场组织再造革命。

圣吉提出的学习型组织是目前管理学界普遍推崇的管理学经典创新思维。就本质而言，学习型组织就是一个具有持续创新能力，能不断创造未来的组织。为此，圣吉提出了学习型组织的五项修炼，他认为这五项修炼是学习型组织的必备的技能。

知识经济时代，信息技术的发展使得知识在管理者之间共享，企业组织等级结构已不再适应现代企业制度的管理要求，纵横交错的信息渠道造就了一种崭新的组织结构——扁平化的组织结构。企业扁平化的组织结构是一种通过减少管理层次，压缩职能机构，精简人员而建立起来的一种紧凑而富有弹性的新型管理组织。它具有敏捷、灵活、快速、高效的优点。扁平化的组织结构是一种静态构架下的动态组织结构，其最大的特点就是等级型组织和机动的计划小组并存，把具有不同知识的人分散在结构复杂的企业组织形式中，通过调控组带在更广阔的时间与空间，加速知识的全方位运转，以提高组织的绩效。

扁平化组织结构的竞争优势在于不仅降低了企业管理的协调成本，还大大提高了企业对市场的反应速度和满足用户的能力。扁平化的企业组织将是知识经济时代独具特色的组织创新。

三、制度创新

企业的制度创新是搞好企业各种管理的基础，是企业管理创新的前提。我国企业体制改革经过多年的探索，最终选择了现代企业制度，对产权制度进行改革，使企业真正成为独立的法人实体。建立现代企业制度本身就是制度创新的基本内容，还有一系列的具体制度需要在创新中建立和完善，这里的关键是要建立和完善与现代企业制度和企业发展相适应的企业内部领导体制、管理体制、经营机制等，而其中重要的是企业约束激励机制的建立和创新。

在知识经济条件下，企业要完全按照经济全球化的要求，来完成产权制度创新、经营制度或运行机制创新、管理制度创新。

（一）产权制度创新

从我国的实际情况来看，民营企业的产权制度比较容易创新，而国有企业和许多集体企业虽按现代企业制度建立了股份公司、有限责任公司和股份合作制企业，但总会遇到一些来自多方面因素的困扰。这些困扰在短时期内不会消失，还需国家在长期改革中不断克服。

（二）经营制度或运行机制创新

这主要包括企业的目标机制、激励机制和约束机制的创新。通过创新使企业不再受其他机制约束，只受市场机制约束，从而使企业逐步增强自我变革、自我发展的能力。

（三）管理制度创新

在知识经济条件下，管理的重点是知识的生产与开发，以及对掌握知识的人的培训。培训的重点是，培育适应知识经济的企业家。只有优秀的企业家才能把“技术人”和“社会经济人”集合在一起，充分发挥科技资源优势，促进社会经济发展。管理制度的创新还表现在管理的柔性化——以人为本的基础上。

分配制度的创新，也是管理制度创新的重要内容。根据现代发达国家的一些经验，按业绩分配和按知识要素分配趋于主导地位。所以，在知识经济条件下，我们应借鉴国际上的管理创新经验，将以按劳分配为主逐步过渡到按知识要素和按业绩分配为主。

四、战略创新

企业为了谋求长期稳定的发展，必须制定具有独创性的经营战略。独创性是经营战略的基本特征，也是取得成功的重要保证。通过对国内外优秀企业的分析考察表明，企业的经营战略不能被机械地模仿，只有在调整未来环境变化并掌握企业优势的基础上，摆脱传统观念的束缚而灵活机动地进行构思，才能创造出适合本企业的独特战略。要保持企业的持续发展，关键在于学会战略创新，对此，特别需要解决好五个问题。

（一）从适应环境向创造环境转变

企业处于复杂多变的环境之中，环境的变化虽然给企业带来了制约和威胁，但同时也为企业提供了新的发展机会。因此，企业在经营战略创新时，密切注视与企业相关的产业的发展动向，积极地寻找企业可以利用的成长机会，就能够把新事业的创立、新技术的开发、新市场的开拓等战略课题引入企业的整体战略中，为企业适应未来的环境创造良好条件。

（二）从竞争取向转向非竞争取向

非竞争取向是战略创新的基本方向。所谓非竞争取向，就是避免与竞争对手直接冲突，其中重要的方法是空隙市场集中。空隙市场是尚未满足的消费者需求。在空隙市场中，还没有企业参与或者只有很少企业参与，开辟种种潜在的空隙市场，最初竞争者较少且可获得较高利润，其后也可能培育成很大的市场。空隙市场集中是指企业将经营资金集中于发现的空隙市场中，形成绝对优势并积极开拓这一市场。

（三）从常规经营转向超常经营

由于常规经营是长期经营活动的创新总结，在一定的行业、时期和地区对指导企业开展经营活动有着积极的作用。但在制定经营战略时，这种经营战略往往成为战略创新的障碍。因此，打破常规经营、实行超常经营，成为创新经营战略的重要途径。超常经营就是指采用常规经营之外的新型经营方法来开展经营活动。这就要求经营者以动态的观点重新认识新的环境条件下的经营活动规律，大胆否定传统经营习惯和常规的适用性，勇于提出新奇而独特的设想。只有这样，才能创造出能够适应环境变化的新型经营方法和具有独创性的经营战略。

（四）从开发有形资源向积累无形资源转化

无形资源的积蓄方法有两种：一是通过有计划的行动来积蓄，如为树立企业形象而开展的广告和公关活动，为开发新产品而进行的技术研究活动等；二是通过日常业务活动来积蓄，如推销员以周到的服务和口头宣传使顾客对企业产生信任等。企业经营战略创新，应该综合运用以上两种方法，把积蓄未来所需无形资源作为中心内容。

（五）由单一效果转向综合效果

在企业经营活动中，各种单一经营要素所取得的效果是有限的，如果把各种经营要素有机地结合起来，其组合效果就会远远大于各经营要素的单一效果之和。因此，通过各种经营要素的巧妙组合，追求最大的组织效果是经营战略创新的一个方向。

现代社会，一个企业能否成功，从某种意义上讲，就是看其能否制定正确的发展战略，并予以贯彻实施。随着世界经济一体化的发展，各国对外开放程度的提高，经济全球化经营已经成为各企业创新经营的战略模式。经济全球化的战略，首先是面向全球开发和优化配置资本、劳动力、技术等生产资源，根据不同地区的不同利税和金融风险来配置资本，根据不同地区的技术发展水平和优势来组织技术开发，根据不同地区的文化水平和企业需要来开发与利用人力资源。其次，建立一套基于国际分工协作的高效生产体制，建立面向全球的国际市场营销体系，并起用当地营销人才，迅速准确地把握市场信息，等等。

五、文化创新

世界著名的企业管理家迈克尔·汉默曾指出：一个组织不只是一系列产品和服务的组合，它同时也是人文团体。像其他社会团体一样，它也形成了特殊的形式，即企业文化，无论过去还是现在，每一个组织都有自己的语言、自己的历史形态以及自己的英雄。企业文化的兴起，引起了世界性的变革。企业文化是由企业的全部成员共同分享的价值观。这种价值观将决定全体员工的处世态度及管理创新的主要内容和行为。企业文化对企业内部而言是提高企业凝聚力的重要手段，共同的价值观、共同的信念会使企业成员凝聚成一个整体，齐心协力为实现企业的发展经营目标而全力奋斗。

这里所说的企业文化创新，有两个基本点层次的目标需要达到：一是形成现代企业应有的基本文化；二是拥有更为先进的创新文化。

处于知识经济时代的企业，拥有能促进管理创新的企业创新文化也非常重要，好的企业创新文化有助于员工为创新主体发生更多更好的创新行为。由于各个企业的不同经济背景及文化差异，最终形成的企业创新文化有两种模式，即个体创新文化及群体创新文化。

在个体创新文化下，创新主体主要由个别人来担当，极其类似于英雄主义的文化。由于所处职位的关系，管理创新者大多是处于管理阶层的高层管理者。在美国企业中，这种个体创新文化比较流行。在群体创新文化下，企业员工都成为创新主体参与到创新中来，他们可能分散、独立地进行创新，也可能共同进行某一项创新。这种文化使员工都被调动起来，继而企业创新层出不穷。日本的公司较多地树立了这种群体创新文化。从较好调动员工积极性的角度考察，群体创新文化是一种比较优秀的企业文化。

就我国企业面临的现状而言，企业创新文化立足于群体创新文化，从各个企业不同的实际出发，创建有中国特色的企业文化。为应对 21 世纪知识经济的挑战，企业创新文化应明确以下几个思路。一是把“科学技术是第一生产力”的思想融入企业文化建设中，以“科学兴企”为核心，真正形成尊重知识、尊重人才的良好企业文化环境。在企业文化建设中，要在大力提高职工整体素质上下功夫。知识经济条件下，这是企业创新文化的重点，也是提高企业竞争力的根本所在。二是注重企业整体观念与企业团队意识的培养。当代企业创新文化的实质在于通过以价值观培育为主的各项有效措施来塑造企业团队意识、激励群体意识、构筑职工与企业的命运共同体、强化企业内部的凝聚力。三是创造具有特色的企业文化。企业文化被人们称为管理科学发展的“第四次革命”，一些西方学者已认定，“21 世纪新企业经营管理模式”的重要方向之一是“企业文化的创造与渗透”。在未来国内外市场竞争日趋激烈的情况下，企业的经营没有特色，产品没有特性，文化没有个性，就不能使广大消费者感知到它的独特性，就很难立足于国内外市场之林。四是企业家是企业文化建设和创新的关键。企业的竞争，实质上是企业家和企业文化之间的竞争。成功的企业必须有成功的企业家，必然有卓越的企业文化。松下幸之助、杰克·威尔逊、比尔·盖茨等名字都是和他们的企业连在一起的。企业家是企业的经营管理者，在企业运作中处于中枢地位，他们直接代表了企业文化的特征。企业家以自己个性化的经营管理风格来发展和完善个性化的卓越文化。著名的《财富》杂志对美国十大最受尊重的公司做评论时指出：这十大最受尊重的公司排名表明，商誉正日益成为人们关心的问题，影响公司商誉的关键是诚信及领导者才能。因此，企业家的素质高低决定企业文化建设的效果及企业经济位置的好坏，在未来的企业发展过程中，这一点会表现得更加突出。

在向知识经济时代迈进的过程中，最主要的经营资源就是知识。因此，综合利用知识能力的人才也就越来越重要。企业成功的关键往往取决于对人力资源的开发和管理。工业社会里的企业文化，把人看成“经济人”“社会人”，认为人仅仅是生产机器的一个组成部分，忽视了人的精神需要和创新精神。而知识经济时代的企业文化把人看成“文化人”，它注重发掘人的内在潜力和积极性，看重人的作用和价值的实现。近年来“柔性管理”就是一种以人为本的企业文化，它通过管理者与员工的直接交流，使管理者更加关注员工的需要，为员工提供更多的发展事业的空间，从而更顺利地实现企业发展的目标。

六、市场创新

企业的各种创新效果必须由市场来检验，市场创新是企业管理创新的归宿。我国买方市场的出现，使企业市场创新的难度增加。但市场是企业的镜子，在买方市场的情况下，容易暴露企业的各种问题，因此也就更便于企业管理者针对问题采取创新措施。企业要全方位面对现实市场、潜在市场和未来市场这三个层次的市场。首先企业产品应该适应现实市场，然后企业用已有力量挖掘潜在市场，进行渗透型市场创新或开发型市场创新，同时还要开辟未来市场，创造市场，引导消费潮流。知识经济时代，信息网络技术进入商品流通的每个环节，实现了对传统商业管理的根本性变革。网络营销就是信息革命带来的一次市场创新。美国人于 1997 年率先提出“全球网络贸易框架”，明确了“网络自由贸易区”的概念，将电子商务活动的触角伸向世界各地。网络营销日益成为开拓市场的有效手段，它使买方和卖方都发生了根本性的变革。

在知识经济条件下，市场不再是相对稳定的静态市场，而是动态变化的。研究其变化情况比占领市场份额更重要；建设和培育市场比市场推销更重要。市场创新主要是“创市场”，而不是“抢市场”或“跟市场”。在知识经济条件下，企业的市场创新的重点不在于某个企业本身，而在于创造系统本身。因此，知识经济条件下的市场创新战略应该是从价值链到价值群的制度互动式策略。为了实施这种市场创新战略，企业就必须拥有两种资源：知识与客户。知识经济最主要的挑战之一就是如何协调知识与客户的关系，即为了更好地利用建立好的关系，企业需要不断扩充自己的知识储备，不断增加对知识的投资。在知识经济条件下，市场创新主要表现在以下几方面。

（一）经济全球化的市场创新

在经济全球化的竞争中，企业应采取以下市场创新战略。

1. 竞争性战略

具体而言，我国企业除采用美国企业市场创新法宝——推出新产品、掌握消费者资料攻心为上、实施“最好的服务 + 最低的价格”、寻找最适宜的地理位置等战略外，还可采用侧面出击战略、粘贴性战略、引进消化后再创造战略、爆冷门战略、渗透性战略等。

2. 出口替代战略

我国改革开放 40 多年来，国内产品已具有一定的国际竞争能力。供给短缺的矛盾已得到解决。现在的问题是需要在国际市场上推出本国优势产品，实施出口替代战略，争取更多外汇收入，以增强我国在世界经济中的经济实力。

（二）会员制创新

客户向批发商和零售商缴纳一定数额的会员费或年费后，就可以取得资格而成为该商品企业的会员，自此便能享受到一定的价格优惠或价格折扣。其主要形式如下。

1. 公司会员制

客户以公司的名义入会，商店向入会公司收取一定数额的年费。公司会员制是入会公司对持卡购买人提供的一种信用担保。公司会员制的会员在购物时可享受 10% ～ 20% 的购物价格优惠和一些免费服务项。

2. 终身会员制

客户一次性缴纳一定数额的会费，使之成为商店的终身会员，可以享受一定的购物价格优惠和长年的商品广告及一些免费服务项目。

3. 普通会员制

客户不缴纳会费或年费，只向商店一次性购买定额商品便得到会员卡，此后便享受 5% 或 10% 的价格优惠和一些免费服务项目。

4. 内部信用卡会员制

客户申请到商店信用卡成为会员，购物时出示信用卡，便可享受分期付款或购物后定时间内现金免息付款的优惠，有的还享受店方一定的价格折扣。

七、技术创新

知识经济时代，高新技术如大数据、人工智能渗透到商品产、供、销各个环节，谁率先进行技术创新，拥有先进技术，生产出成本更低、效用更大、更能够满足消费者需要的新产品，谁就会在竞争中立于不败之地；反之，就会在竞争中处于劣势，最终按市场的规则被淘汰出局。技术创新又包括新发明、新创造的应用和实施过程，还包括这些新技术成果的商品化、产业化的扩散过程，即新技术成果从开发研究到市场推广的全过程。技术创新的过程归结为管理问题，具体体现在以下三个方面。

（一）要素创新

企业的运营过程实质在于对资源要素进行合理配置，其资源要素包括材料创新、设备创新、人力资源创新。

（二）要素组合方法的创新

它包括生产工艺与生产过程的组合。工艺创新主要指企业研究和采用更合理的空间布局与时间组合，以提高劳动生产率及缩短生产周期。

（三）产品创新

这主要包括品种、结构、效用诸方面的创新。品种创新要求企业根据市场需求的变化及时调整生产方案，开发受市场欢迎的、适销对路的产品品种。结构创新是指改进产品结构，使结构更合理、性能更高、使用更安全、操作更方便，从而更具有市场竞争力。效用创新则是指通过各种途径了解用户的偏好，并以此为依据改进原有产品，开发新产品，使产品给用户带来更多满足，更受用户欢迎和喜爱。这是企业的生命力所在。产品不能随着市场的变化而不断弃旧图新，这无异于慢性自杀。美国的王安计算机公司 20 世纪 80 年代以后的市场竞争激烈，该公司满足于自己产品在设计和技术水平上的优势与声誉，没有跟上计算机转型创新的步伐，没有及时推出新型计算机，最后败在美国国际商用机器公司和苹果公司手下。

技术创新是企业创新的核心，由于技术创新大多具有高效低耗、较少影响环境的特点，因而可以提高效益，加快速度，也有利于调整产业和产品结构，优化资源配置，实现企业要素的最佳组合，使企业始终保持旺盛的生命力。在知识经济时代，企业的目标是最先开发出一种新产品，以此来冲击市场并力争获得尽可能多的市场份额。这样，企业就必须不断地进行技术创新。因此，技术创新是创新中的主要形态，成为决定生产力发展水平的主要因素。

八、产品创新

产品创新是企业技术创新、管理创新的最终成果。产品创新在实践中需要把握以下几个问题：企业自身实力；产品开发前景；产品的生命周期；资产利润率；同类产品的竞争对手。具体而言，企业进行产品创新时，应根据市场划分定位的最终用途、交易状况、技术及用户群体的实际，把重点放在以下几方面。一是依托资源优势，抢占制高点。二是用“定时出击”的战略，开发新产品。英特尔公司的“定时出击”的企业战略根据早已订好的日程表，创造出新产品、新服务或进入一个新领域、新市场，应该为我们所用。三是采用比较灵活的经营战略。如甩开竞争对手的战略——人无我有，人有我转；寻找在竞争对手的薄弱处下手；寻找市场空白点和缝隙；创造绿色消费的新亮点；缩短经营链——去掉多余的中间环节；实行特许经营权——与大、小企业联姻；产品小型化、轻型化；包装精美化；使用有特色的广告策略；等等。这样，可以使一些企业在竞争中有较大的回旋余地并始终处于主动地位。

第三节　大数据时代企业管理模式的创新

一、大数据时代企业管理模式创新的价值

（一）强化企业管理效果

传统的企业管理以解决问题为主，管理模式较为单一，企业管理较为滞后，通常在出现问题之后才进行改善，这在一定程度上影响了企业发展。企业运用大数据进行管理，可以先发制人，防患于未然，在传统管理模式的基础上，辅以成熟的管理理念和高质量的人力资源，从而提升管理效果，高效解决问题。

（二）提升企业管理工作质量

通过大数据进行企业管理，借助全面的数据信息和精准的分析结果，得出对企业管理发展有价值的信息，帮助企业提升管理工作质量。借助大数据，企业的管理工作方式从被动地发现问题、解决问题转变成预测风险、防范预警，从而有效地预防各种问题，提升企业的管理工作质量。企业在利用大数据进行管理之后，能够给企业带来更多的发展机遇，推动企业长远发展。

（三）有效落实管理方案

利用大数据进行企业管理，员工的工作情况可以通过数据量化，工作方案和经营目标可以逐一落实，企业管理工作也可以通过数据系统进行动态的监督与管理，以更好地落实企业的经营管理方案。通过数据信息系统，各部门可以将自身的工作情况进行实时的反馈，通过大数据分析企业的发展目标和实际执行情况之间的差距，找出各部门工作过程中的问题，从而有针对性地制订问题解决方案，不断根据实际情况调整企业的管理方案，推动企业管理方案的高效落实。

（四）实现企业高速发展

现代企业发展过程中，企业管理是重要的内容，企业管理水平决定企业的市场竞争力，企业的发展模式也反映出企业的管理理念和管理现状。企业要想在经营管理方面不断有新的突破，就要利用好大数据平台，充分发挥大数据平台的作用。企业在管理过程中将数据信息融入企业的经营管理中，建立数据信息平台，收集海量数据，对数据信息进行筛选、分类、整理、分析，最后形成自身需要的数据信息，充分发挥数据平台的作用，数据平台帮助企业找到数据背后的市场潜力，推动企业管理创新，为企业发展注入强劲的动力。

二、大数据时代企业管理模式存在的问题

在大数据技术的支持下，通信技术和方式实现了改革创新，为企业的管理模式及发展思路带来创新性的引导。企业应该认清当前大数据带来的优势，不断改革与创新企业经营发展的管理模式，从而为企业的发展注入新的活力。但从目前我国各企业的管理模式来看，大多数的企业依旧没能从传统的管理模式中走出来，传统的管理方式如果不进行适应性创新，则将会严重阻碍企业的发展。因此，下面就对大数据时代企业管理模式中存在的问题进行分析。

（一）企业管理者忽视大数据的价值

在目前大数据时代的背景下，企业应该学会利用大数据带来的发展优势，使自身得到充分的可持续发展动力。企业一旦没有认清大数据技术所带来的发展机遇，依旧坚持延续传统的管理模式，那么就会严重阻碍企业的稳定发展。而且，很多企业管理者有这样的想法：只要全面推进企业信息适应时代发展就可以适应大数据时代，但其实不然，他们只是片面地认识到大数据时代对企业发展的作用，仍然不知道如何更好地利用大数据技术提高企业的经济效益。因

此，在信息技术飞速发展的今天，企业不仅要进一步加强数据的整合，还要提高数据分析的能力，然而有很多企业提取的数据比较单一，如只是分析企业的盈亏数据，并没有从大数据系统中提取出关键性的数据，造成并不能真实地反映企业所处的现状和困境，进而影响企业的竞争力及综合实力。

（二）企业的商业智能化程度较低

企业的商业智能化，是指企业在经营过程中要对数据及相关的概念进行全面的分析，并将分析结果与企业的真实发展情况联系到一起，然后对企业的运营情况进行细致的分析，从而能够为企业的管理模式创新提供一定的数据理论支持。商业智能化带来的信息技术支持不仅可以快速地分析企业大量的数据信息，而且能够快速地整理、收集数据，并给出最佳的分析结果，可以为企业提供很好的支持。因此，在大数据时代，大数据技术是企业必须具备的发展手段，但是如今我国的很多企业并没有认识到商业智能化的重要性，没有充分利用好大数据技术，这样会使其在未来的生产经营过程中受到大数据带来的巨大冲击，阻碍自身的稳定发展。

（三）企业数据分析员的专业能力不足

大数据时代下，对数据的分析能力不仅包括数据的分析及处理，还涉及企业传统发展过程中的市场营销与信息化等前端领域。所以，在大数据时代企业要注重培养新型的数据分析人才，要加强数据分析员的专业能力。在企业的数据处理过程中，数据分析员要严格要求数据采集、总结归纳、分析等一系列的基础工作。当前，很多企业的人力资源部门同样没有意识到大数据时代带来的优势，而传统的招聘流程并不能满足企业对大数据人才的需求，所以传统的管理模式严重限制了大数据人才的引进，从而影响了企业的发展。

三、大数据时代下企业管理模式创新的策略

大数据具有大容量、多样化以及发展快速等特点，企业要想在大数据时代下提高自身的竞争力，就需要改进自身传统的管理模式，创新企业管理模式以跟进大数据的发展速度，具体措施主要有以下几个方面。

（一）保障大数据在企业运用的安全性

大数据的不断发展虽然对企业发展带来了很好的帮助，但同时也存在着一定的安全隐患。因为数据庞大且具有隐秘性，所以数据一旦被泄露或者遭一些外界黑客的入侵就很可能丢失数据，这会对企业甚至对参与到企业中的一些客

户的信息安全造成严重的威胁。所以在运用大数据进行企业管理时，也需要保障大数据在企业运用的安全问题，需要对客户的信息进行保护，对客户的隐私进行加密，同时也需要对企业本身的一些内部信息加强管理，需在企业大数据保证安全的前提下再进行进一步的发展。

（二）让大数据帮助企业了解竞争对手

企业利用大数据不仅局限于分析用户的变化上，还能通过归纳和分析竞争企业的相关数据，从竞争企业的营销模式、产品价格与管理方法中掌握竞争企业的管理模式与发展动向，从而制定出提高企业竞争力的管理措施，帮助企业扩大自身的市场占有量，达到战胜竞争对手、提高自身竞争力与经济效益的目的。

（三）树立更广泛的决策观念，提高企业的决策能力

有些企业虽然运用了大数据，但是企业人的思想未得到发展，尤其是企业中的决策人员，因为这些决策人员大部分是企业中的高层管理人员，他们的决策很有可能会影响到整个企业的发展。决策人员需要转变自己的决策观念，要通过对整个社会环境和时代发展的一些潮流进行全面的考察，要跟上时代的脚步。如今网络媒体不断发展，网络媒体的运用可以加强企业人员之间的沟通，对联系客户起到很好的作用。企业可以利用网络媒体进行与客户之间的交往，并且利用抖音、微博等一些广泛的受众平台进行企业宣传。这些都是大数据带来的机会，但是发现这些的前提是企业的高层管理者需要对整个数据市场进行更广泛的了解。利用互联网、社交网络等平台收集各种对自身企业有用的信息以及从这些数据中获取对企业有帮助的客户等。

企业通过对数据进行采集、整理、分析和加工，为企业中不同的部门提供它们需要的相关信息，企业部门之间根据分析相关的数据信息，改进自身的管理措施，进而提高企业的整体决策能力，实现自身的管理效率。企业根据大数据的发展变化情况分析企业所在领域的发展动向，从而制定出长远的利于自身发展的管理模式。

（四）培养专业的数据分析人员，建立专门的数据分析机构

大数据在企业的发展过程中占据越来越重要的地位，企业对数据的处理和分析结果直接影响着企业的市场竞争力以及经济效益。所以企业应重视培养大数据的分析和管理人才，培养这些人才的信息技术应用、市场营销以及企业运用管理等方面的能力，并建立一个专门的数据分析机构，鼓励企业中的工作人

员加强自身的数据分析和管理能力。由于大数据在企业发展中有重要作用，当代很多企业的业务部门都将数据分析能力作为自身的基本工作能力之一，结合大数据中的电子商务数据、视频及音频数据等提高企业自身的决策能力，促进企业的发展。

（五）利用大数据建立一个生态化的企业网络

企业应根据大数据的发展模式重新建立客户、合作伙伴与供应商之间的关系，创建一个生态化的企业管理网络，整合企业资源，为用户提供全新的服务和产品，建立一个以服务为中心的、具有生态化的、可持续发展的企业运营管理模式，使企业能够长远、可持续发展。

（六）建立企业自己的数据体系

大数据的开发利用在企业中需要一个循序渐进的一个过程。每个企业都需要一个完整的数据体系来实现更进一步的发展。例如，先从每一个客户的信息着手，通过每一个客户的信息，对不同类别的客户进行统一分类，然后将企业的合作伙伴进行信息归类，再将企业内部员工的信息资料进行归类，成为一个体系。无论是在服务方面还是在资源方面，每一部分的数据都需进行清晰的规划，以使企业有完整的网络服务体系。例如，像融资担保类公司，首先就要对其用户的信息进行管理，在保证担保人的资金安全的同时，还要将其信息纳入资源库中。将不同类型的投资进行分类管理，建立一个完整的融资体系。所以每一个企业想要自身的发展更强大和更迅速，就要将大数据很好地运用在自身的企业管理之中，尽量将企业的数据归纳成为一个完整的体系。

第四节　大数据时代企业管理创新的必要性及路径

一、大数据时代企业管理创新的必要性

（一）企业自身发展的需要

大数据时代对企业自身发展带来的作用主要表现在这两个方面。第一，优化企业生产经营环节。企业生产经营的本质是成本最小化、资源最优化、利润最大化，并在运营过程中获得更多的客户、消费者，赢得更多的口碑，提高经济效益。如何获得更多的客户和消费者，企业需要做的就是对客户和消费者的

多种需求进行了解，并提出具体的优惠政策来满足，而大数据时代可以帮助企业快速获取客户信息、客户需求、消费者的消费趋向等，从而帮助企业及时制定创新策略，充分利用数据资源，不断优化管理过程、优化企业生产经营环节。第二，提高企业的核心竞争力。过去的市场经济，常常是政府主导，政府运用政策帮助企业获得一定的竞争力。但是在大数据时代冲击下，政府的这种做法往往带来更多的负面影响，数据信息获取逐渐成为企业进行市场竞争的主要因素。

（二）大数据为企业带来的一定挑战促使企业管理创新

首先，大数据时代下企业数据信息需要时效性，当前市场经济变化迅速，各企业之间的竞争加剧，企业想要实现自身管理创新，脱颖而出，就必须对数据进行解析，在市场的海量信息中及时、有效地获取有效信息，从而对整个市场实际情况进行跟进。其次，企业数据信息难以实现高效整合，信息技术发展，导致数据信息渠道增多、形式多变、内容庞杂，但企业自身处理模式是相对单一的、结构化的，难以灵活地处理已经获取的信息。最后，企业决策观念较为落后，任何的企业经营者在进行决策时都需依靠企业已经存在的数据和证据，大数据时代下数据信息可以辅助企业决策者进行科学决策，降低决策难度，减少决策后的管理风险。

（三）企业管理中融入大数据是提升企业竞争力的需要

新经济背景下的经济市场在不断变化，这已经不是单纯的市场占有率和收益之间的竞争了，而是企业综合能力之间的竞争，企业管理水平直接影响企业的竞争力，所以企业要不断在管理方面进行创新。过去，想要在激烈的竞争中脱颖而出，就需要利用一些数据和地理优势来助阵。但是随着经济科技的发展，这种竞争形式逐渐被代替。同时各行各业的竞争已经处于白热化的状态，加上企业的创新能力跟不上，更有甚者已经威胁到了企业的生存。

我国为促进企业向更好的方向发展，有关部门结合当地相关政策，实施了很多措施来促进企业发展，目的是保证该行业保持平衡稳定的可持续发展。企业管理中融入大数据技术能够帮助企业通过各种渠道找到最有利的信息数据，并且对数据进行分类整合，通过分析结果了解最新的市场动态，发现企业自身存在的问题，创造出适合市场发展的产品。通过对动态数据的掌握和分析，调整企业管理模式，提高企业管理水平，提高企业竞争力。在准确数据的支撑下，保证企业能够长期稳定地在激烈的竞争中立于不败之地。当下时代是信息时代，各个企业在技术上的差别并没有多大，只有利用信息不对称的特性才能够先于其他企业在市场中占有一席之地。

（四）大数据背景下完善行业数据信息的整合制度的需要

随着企业管理方式的不断改革和创新，大数据在企业管理中具有辅助性作用。通过对大数据的不断深入了解，企业发现在信息整合方面还是存在一些问题，导致数据信息的有效利用率较低，严重影响了工作人员的工作效率。所以企业应该积极共享同行业之内的数据，并且随时注意同行业企业之间数据的关联性。有些企业只顾低头走自己的路，并没有及时地与同行业的企业进行沟通，这就导致企业的消息闭塞，数据信息落后。如果企业能够注意行业内共享的数据信息，那么就可以通过数据总结前人的经验，站在前人的肩膀上前行，使企业少走弯路，促进企业向更好的方向发展。所以企业在发展的过程中不仅要时刻注意市场数据信息的变化，而且要与竞争对手多交流、多互动，在共享数据的基础上，寻找互利共赢的合作模式。在企业竞争当中，不断地发现问题并解决问题，从而不断地提高自身的竞争力。在同行业数据共享的基础上，企业一定要做好数据信息的整合，将最有用的数据提取出来进行整合，否则会影响跟随其后的小型企业的发展。大数据背景下的企业管理创新实质上是依据数据的精准性和高效性更好地促进企业的发展。

二、大数据时代企业管理创新的路径

（一）构建企业大数据研究工作室

随着大数据时代的到来，如何从烦冗的数据中找到企业的发展方向，将是现代企业面临的重大考验。有的企业由于企业领导没有对历年经营发展数据分析工作给予足够的重视，从而影响了工作效能的发挥。为了解决这一问题，需要企业领导改变自己的工作认知理念，通过大数据企业发展事例的论证，让企业领导明确认识到数据分析工作对企业发展的影响力。如部分企业通过对用户数据的分析，得出了用户的消费习惯，实现了精准营销，有效地提高了企业的经济效益。而精准营销工作开展的基础，就是企业历年数据的分析结论。

由于数据分析工作效率的不足，无法充分发挥出数据分析工作的价值，进而给企业的战略规划工作开展造成了一定的影响。为此企业在经营管理时，可以构建专门的数据研究工作室，从企业内部挑选精英组建数据研究工作室，确保企业历年数据分析工作的可靠性与准确性。若企业历年数据涉及面较广，企业内部的工作人员无法对其进行高效的处理，则企业可以将数据分析工作进行外包，由国内国际知名的数据分析单位或者企业发展咨询单位进行该工作，通过专业人员的数据分析，可以为企业提供一份详细的企业发展结论。在数据分析工作外包时，为了保障商业机密，企业需要与承包单位达成协议，确保数据的安全与可靠。

在构建数据研究工作室时，为了保证工作室的工作质量与效率，企业应当引进大数据分析技术。在对企业历年发展数据进行分析时，相关的研究工作室则可以利用大数据处理技术，对企业历年的数据进行全面透彻的分析，找出数据之间的内在联系，以及企业在发展管理过程中出现的一些决策失误造成的量化损失。

根据企业历年数据的内在联系，可以分析出企业与用户之间的潜在联系，根据分析的结论，企业可以制订针对性的产品营销计划方案，不断拉近企业与用户之间的距离，通过沉淀优质客户，稳定企业的市场占有份额。而数据分析出的决策失误带来的量化损失，可以让企业领导人直观地认知到每一项决策失误给企业造成的实际影响。在今后企业经营管理过程中，可以依据大数据研究工作室数据分析得出的结论，构建完善、科学的决策风险控制机制。在企业需要做出重大工作决策时，决策风险控制机制可以帮助企业科学地规避可能发生的企业损失，提高企业经营管理决策工作的正确性和可靠性。

（二）构建大数据财务管理体系

企业财务管理工作模式在数据潮流的冲击下必然会发生变革，要设法推动企业财务管理工作质量与效率的提高。在开展企业财务管理变革工作时，首先就是对财务管理体系进行改革重组。

在进行企业财务管理体系改革时，一要简化财务管理工作程序，将冗长的管理程序简化，确保财务工作开展的时效性；二要合并重复的财务管理部门，企业财务经营管理中，常常涉及多个财务管理部门，一些部门会开展同样的财务工作，造成了人力资源的浪费，影响到企业财务管理的综合效果，通过合并重复部门，撤除了一些财务工作小组，简化了财务管理团队；三是构建监督机制，成立专项的财务监督小组，对财务的各项工作进行有效的监督管理。由于财务管理工作的特殊性，在避免职务犯罪和财务风险的发生方面，监督管理机制可以发挥出相应的工作价值。

在财务管理体系改革优化阶段，需要将大数据处理技术渗透其中，即构建信息化处理的财务管理工作体系，确保大数据处理技术可以在财务管理工作中发挥出重要作用。在构建信息化财务系统时，需要对传统的财务管理工作进行科学的评估，论证信息化技术替代该财务工作职位的可靠性与可行性，合理地利用信息化技术替换传统财务工作人员的岗位，这样就可以释放财务人员的工作压力，让财务人员转型从而进行财务管理工作。而在具体财务工作开展时，则可以充分发挥出信息化系统和大数据处理技术的优势。信息化财务系统的工作开展，可以提高财务记账和报表统计的工作效率与质量。而在对财务数据进行深度分析研究时，则可以利用大数据处理技术有效地分析处理财务数据信息，得出数据之间的内在联系，给财务管理工作人员提供准确可靠的报告，保证财务决策工作开展的可行性。

（三）加大对大数据人才队伍的建设

在企业发展管理过程中，为了科学地开发出大数据技术的价值，企业需要做好技术人才的储备工作，通过构建基层大数据人才团队，确保企业各个部门的技术骨干都可以参与其中，如财务骨干、业务骨干、行政骨干、金融骨干等。在基层大数据人才团队建设时，一方面可以夯实大数据技术开发的基础知识，另一方面可以让各个部门的技术骨干进行学习，了解大数据技术对所处部门工作产生的重要影响。在技术骨干的学习与宣传下，各个部门可以更好地借助大数据技术的优势，推动部门的改革创新。

随着技术人才储备工作的逐步开展，人才团队不断扩大，且主要技术人才都是企业的内部员工，这样可以夯实企业的技术基础层，为今后企业的升级改革打下坚实的基础。在开展人才储备管理工作时，企业领导还需要结合企业人才的不足，进行专项的人才招聘，以弥补技术人才团队的不足，提高大数据技术人才团队的整体实力，以充分发挥出大数据技术的应用价值。

第五章　企业风险控制概述

在当今市场经济条件下，环境的多变和竞争的激烈，使得企业风险日益增大，企业的生存和发展受到严重挑战。因此，如何控制风险成为现代企业管理者必须掌握的管理技术。

第一节　企业风险控制的相关概念及理论

一、企业风险控制的相关概念

（一）风险的含义

现实世界中，无论是个人、企业或其他组织都面临着各种各样的风险，风险是人们运用极其广泛的一个名词。

西方学者对风险的研究由来已久，古典经济学家早在19世纪就提出了风险的概念，认为风险是经营活动的负产品；20世纪以来，人们对风险的定义有数十种之多。近年来，我国学者也对此进行了广泛的研究，从不同的角度提出了不尽相同的看法。归纳起来，可分为两大类：狭义风险和广义风险。

决策理论学家把风险定义为损失的不确定性。因为人们难以确切地知道何时何地会发生损失及其大小，风险便由此产生，这就是狭义的风险。该定义同个人的知识、经验与心理状态有关。由于获取的信息不同，在面临相同风险的情况下，不同的人会做出不同的解释。

日本学者龟井利明认为，风险不只是指损失的不确定性，还包括盈利的不确定性。这种观点认为风险就是不确定性，它既可能给活动主体带来威胁，也可能带来机会，这就是广义的风险。

我国台湾学者宋明哲把风险定义为“主观说”和“客观说”两大类。他认为，“主观说”的特点是强调“损失”和“不确定性”这两个词。例如，美国学者罗伯特·梅尔曾把风险定义为“风险即损失的不确定性”。所谓不确定性，则是指人们对每次事故所造成的损失在认识上或估计上的差别。这种不确定性包括：发生与否不确定，发生时间不确定，发生状况不确定以及发生结果的程度不确定。

“主观说”是基于个人对客观事物的主观估计来定义风险的。而“客观说”则把风险视为客观存在的事物，因而可用客观尺度来衡量。威廉姆斯和汉斯在《风险管理与保险》这一合著中将风险定义为：“在给定情况下和特定时间内，那些可能发生的结果间的差异。”差异越大，风险越大；反之，差异越小，风险越小。若有多种结果，则每一结果有其相应的发生概率；如果只有一种结果，则无风险可言。可见，这种含义下的风险，对风险、不确定性及概率三者的区别是清楚的。

实际上，“客观说”与“主观说”都只是将风险与损失相联系而没有将风险与有利的一面相联系。因此，在本质上都属于狭义的风险定义。此外，风险是一种客观存在，而非主观意识。错综复杂的内外环境因素及其相互作用是造成事物某种结局不确定性的根本原因，同时也与人们对事物发展变化的信息获取的多少与质量有关。因此，把客观潜在损失的观念上的不确定性说成风险是不妥当的，因为这种观念上的不确定性只是损失现象本身不确定性在主观上的反映。所以，我们认为，把风险定义为“主观说”和“客观说”两大类不是十分合理的。

当然，不确定性与风险是两个不完全相同而又密切相关的概念。不确定性意为人们对事物未来的发展与变化不能确切地知道或掌握。人们事先不知道可能产生的所有自然状态；即使知道，也无法估计出现的概率。而风险则是指能够预先估计其可能出现的结果及其出现的概率。因此不确定性是风险的基础，如果结果是确定的，风险就不存在，风险是与损失相联系的。而存在不确定性并不意味着风险。

综上所述，所谓风险是指人们对未来行为预期的不确定性而可能导致的结果与预期目标发生的偏离程度。这里的结果与不确定性相对应，包含正反两种可能，结果与预期目标的偏离程度越大，对于负偏离，意味着威胁越大；对于正偏离，则意味着机会越大。本书从广义的角度来理解风险，而在风险控制与管理的研究中则把侧重点放在损失上。

（二）企业风险的成因及特点

1. 企业风险的成因

企业风险的成因是多方面的，有内部原因和外部原因，有主观原因和客观原因。国内学者一般都把风险成因归结为自然、社会、经济、技术和主观等方面。笔者认为市场经济可以说是一种风险经济，因此，从企业与市场的角度来分析，企业风险的成因主要有以下四个方面。

（1）市场环境变化的不确定性

市场环境变化的不确定性是导致企业风险的直接原因。从总体上看，它包括社会政治的不确定性、政策的不确定性、宏观经济的不确定性和自然环境的不确定性。

社会政治的不确定性，主要是指社会的政治、法律、价值观、民族文化等因素的变化。各种政治观点、政治力量的对抗以及不同宗教信仰的冲突等，都可能引起动乱、战争或政府更迭，其结果可能造成企业生产经营活动的中断和经营条件的损坏。另外，社会生产关系的调整、制度的革新和规范的更新，这种不规则的变化会给人们带来一系列的不确定性，也可能导致风险。此外，来自国家政府、法律法规方面的不确定因素也成为企业风险的重要来源。

政策的不确定性，是指有关国家各级政府的政策变化的不确定性对企业产生的风险。政府的政策涉及面宽，政策的不确定性越复杂，风险也越高。如当国家出现严重通货膨胀时，政府往往采取紧缩银根、减少货币投放，提高利率或中央银行再贴现率的政策。由于紧缩银根和提高利率的尺度很难把握，一旦政府紧缩过度，则会引起经济的急剧衰退，势必给企业带来风险。

宏观经济的不确定性，主要是由国家经济政策和由工农业生产变化引起的经济形势的不确定性而产生的风险。宏观经济环境的变化主要包括产业结构、国民生产总值增长状况、进出口额及结构、就业与工资水平、利率和汇率等方面。汇率变化对企业的直接影响是产品进口费用和出口收益的改变，其间接影响则十分广泛，如人民币汇率下降将会使有关产品进口数量增加，从而提升了与国外产品竞争的风险。

自然环境的不确定性，主要是由于自然界的运动发展过程呈现出不规则的变化趋势，自然界就像一个不听话的孩子，阴晴无端，喜怒无常，导演出一幕幕人间悲剧。如2020年新冠病毒的肆虐和2021年湖南省强降雨导致的大面积洪水，使生命财产遭受巨大损失。

（2）市场经济运行的复杂性

社会生产和再生产过程的生产、流通、分配和消费四个基本环节以及与之相应的所有经济活动的运行是复杂的，特别是在市场经济条件下，更加呈现出自身的不规则性，由此导致的不确定性不可避免地会引起风险与损失。从宏观角度看，国家的一系列经济政策法规和措施的制定、修改与变化着眼于全国的整体最优，但对于一个企业来说可能是风险因素。如基建投资的缩减对建材行业就是一个不利的因素。同时，上层建筑与经济基础是密切相关的。作为管理经济运行的国家机构和公共服务设施能否真正转变职能，做好服务协调与控制工作，也存在一定程度上的不确定性，如经济法庭的误判、邮件的丢失等，都是令人们和企业意想不到的飞来横祸。

从中观经济分析，行业结构在变动，存在投入品市场的不确定性、产品市场的不确定性和竞争的不确定性。例如，消费者需求的变化，有效替代品的出现和互补品的短缺，都将对市场需求产生影响。

再从企业角度考察，企业运行中的人、财、物和供、产、销任一环节出故障都可能导致经营失败。而系统管理出现故障的地点、时间和程序是不可预知的。事实上，企业内部存在许多不确定因素，如经营方向、生产运转、质量变动的不确定性，研究与开发的不确定性，信贷的不确定性和行为的不确定性等，这些不确定性往往交叉发生作用，增加了风险的复杂性。

再从世界经济一体化的观点分析，当今世界经济的一体化已成为不可阻挡的历史潮流。这一特点不仅为企业提供了发展的机会也带来了生存的威胁。

总之，在企业的经营决策中，众多的复杂的不确定因素，给企业造成的风险损失加大。今天企业所面临的风险早已远非亚当·斯密时代可比。企业家不但要考虑国内因素，还要考虑国际因素；不仅要分析实际经济因素，也要重视货币经济因素；不但要关心收益的损失，同时要关注财产和人员的安全；不仅要面临现实因素，还要研究长期因素；等等。

（3）市场主体的局限性

作为商品生产者的企业，其是市场的主体。市场主体的局限性，首先表现为主观认识的局限性。由于自然和社会运动的不规则性，经济活动的复杂性和经营主体的经验和能力的局限性，不可能完全准确地预见客观事物的变化，因而风险就不可避免。其次表现为控制风险能力的有限性。有时对某些风险虽然已有认识和预计，但囿于技术条件和能力而不能采取有效措施加以防范和控制。如人们早就能够预料飓风的到来，但却无法将其消除，而只能消极地事先防灾和事后抗灾。

（4）市场商品的两重性

马克思在《资本论》中所揭示的商品价值和使用价值这一内在矛盾是市场风险最深刻的根源。

马克思在谈到按比例分配社会劳动的问题时指出，符合社会需要的使用价值才会有价值，不符合社会需要的使用价值就不会有价值。而社会对使用价值的承认是通过使用价值的货币选票表现出来的，货币选票多（价格高）就证明社会承认度大；货币选票少（价格低）就证明社会承认度小，甚至小到被社会淘汰。所以，解决商品二重性的方法，往往要经过“惊险的跳跃”才能成功。

商品天生就是带着风险来到世间的，而且随着商品经济的发展，风险的领域不断扩大，层次不断提高，并且从局部扩展到全局。因为商品的价值和使用价值内在矛盾不断深化与外化的过程，以及与此相联系的市场风险的性质、范围、时空跨度和层次不断深化的过程，也是市场组织形式不断完善和发展的过程。当然这个过程经常要付出惨痛的代价，遭遇到严重的市场风险。

2. 企业风险的特点

企业风险和自然风险不同，企业的风险与机遇相关联，风险和收益成正比，并且在一定程度上，风险不是一成不变的。由于种种因素的共同作用，原有风险可能会减少或消除，新的风险不断出现。

企业中，随着组织行为的目标定位不同，风险的程度也会不同，风险和企业行为目标是息息相关的。

（三）风险控制的含义

风险控制是风险管理科学的重要组成部分。风险控制是风险管理的主体。首先，从功能上看企业管理的职能主要由计划、组织、指挥、协调和控制等组成，其管理的目的是以最小的投入取得最大的产出，而且管理活动中的供、产、销一系列环节都有规律可循。因此，计划、组织、指挥等职能都很重要，不能说控制是主要的。

其次，国内外不少学者也把风险管理定义重点放在控制上。例如，英国学者班尼斯特和鲍卡特在他们的著作《实践风险管理》中给风险管理的定义是：“风险管理应对威胁企业资产和收益的风险进行识别、测定和经济的控制。”克里斯蒂在《风险管理基础》一书中指出：“风险管理是企业或组织为控制偶然损失的风险，以保全获利能力和资产所做的一切努力。”李剑峰在其所著的《企业经营管理·风险决策》一书中，认为：“风险管理是指经济单位通过识别风险、评估风险、分析风险并在此基础上有效地控制风险，用最经济的方法处理风险，以最大限度地减少风险造成的可能损失的过程和方法。”

最后，从控制论的角度考察，控制是指在保证系统适应外部环境变化的过程中，为了改善系统的功能或达到系统的预定目标对系统施加的一种能动作用。控制与控制的目的性直接相关，既然风险管理是控制实际损失和潜在损失，风险管理的手段主要是控制，而风险管理的侧重点又在控制，可见，风险控制突出了风险管理的重点和主要内容。

风险管理的基本原理和方法适用于风险控制，有时两者不加区分，互相通用，因为两者基本是相同或相似的。

由此，我们导出风险控制的概念，即经济主体通过识别、衡量风险并用科学的方法实施有效控制以达到最低损失的管理过程。

（四）企业风险控制的概念

企业风险控制就是通过前置或过程调查，获得合作方资金、信用、资质、意图等的各种信息资料，评估合作可能，降低企业风险的过程和方法。它提供企业征信、证据收集、情报研究、风险控制、危机处理、策划顾问等一系列服务，具体包括生产经营风险控制、投资项目风险控制、技术开发风险控制、商业秘密风险控制、合同陷阱风险控制、员工雇佣风险控制等服务项目。

通过专业机构提供风险控制方案，企业可以减少运作损耗，降低风险概率，提高成功保障，获取较大利润。风险控制方案可以将企业的风险可能、亏损根源扼杀在萌芽状态，真正做到防患于未然，胜敌于不战。

二、企业风险控制的相关理论

（一）企业风险控制的一般理论

风险控制理论的提出为企业的风险管理和经营管理提供了一个科学有效的理论基础，尤其是理论中对风险控制体系构成要素的定义和分析，为相关人员研究企业风险控制体系提供了便利，同时该理论将“软因素”纳入风险控制的研究范围，加强了理论的指导意义和现实操作性，使得这一理论在解决现实问题上与之前的研究有了较大的区别和应用性，风险控制主要有以下两个相关理论。

1. 假设理论

风险控制是在诸多假设都成立的情况下才发挥其作用，也就是说风险控制只有在特别理想的情况下才能有效，所以企业应用风险控制理论时有很多局限性，如公司相关部门在制定相关制度或者部门计划时有些不确定因素是无法考虑到的，最终导致企业在实施计划时会出现一些风险控制理论无法控制的突发事件。由于风险控制有上述缺点，所以一个企业要想使风险控制理论发挥作用，企业必须具有特别理想的环境或者需要建立在一些假设的前提下，最常见的假设包括单位实体假设、可控假设、复杂人性假设和不串通假设等。

2. 控制论

控制论所研究的是由因果关系链的所有因素组成的组织，各个因素之间的联系被称作耦合。风险控制是在控制论的基础上发展起来的，风险控制以控制论为理论基础，并利用控制论中的一些措施和必要的程序，对企业进行内部的控制和调控，使得企业能够顺利达到预期的效益目标。控制论与风险控制之间是相互联系的、相辅相成的。控制论主张信息是整个控制系统的基础。控制离不开信息以及信息之间的联系和传递，一个有效的控制系统需要通过信息的传递才能达到其目标。因此，信息的流通是控制论的主要内容。一个公司可以被视为一个信息系统，在经营过程中，对各种信息进行转变和反馈，这个信息系统的主题是公司的管理层，而风险的控制则受管理层的指挥，控制着大系统中诸多子系统和这些子系统的关系。

（二）企业风险控制的程序

企业风险控制的程序是实现风险控制的主要内容和中心环节，是为了达到风险控制目标而必须进行的一系列管理过程，它反映了风险控制的基本规律和基本的工作步骤。其中实质性阶段有四个，即风险识别、风险衡量、风险控制决策和风险控制效果评价。

1. 风险识别

风险识别是风险控制的基本前提。如果不对风险进行准确的识别，就不可能知道企业存在什么风险、可能发生什么风险，就会失去及时有效地控制这些风险的机会，也就不能对风险有所作为。所谓风险识别是指对企业面临的尚未显化的各种潜在风险进行系统的归类分析，以揭示潜在风险及其性质的过程。它的基本任务就是识别、了解企业风险的种类及其可能带来的严重后果。

要对企业存在的风险进行识别，就需要对企业进行周密的调查研究，分析可能存在的风险因素和可能发生的风险类别，进而做出比较准确的判断。

风险识别的方法很多，如指标分析法、财务报表法、流程图法、幕景分析法、决策分析法、动态分析法等。分析可以从不同的层次、不同的角度进行，在实际操作时，应视具体情况灵活运用。

2. 风险衡量

在风险识别的基础上，还必须对可能出现的后果从数量上给予充分的估计和衡量，这是实施风险控制的一项重要而又复杂的工作内容。所谓风险衡量是指用现代定量分析的方法来估计和预测某种特定风险发生的概率及其损失程度。

准确衡量风险是实施风险控制决策的可靠前提。进行风险衡量，要有充分而准确的信息材料，正确运用概率数理统计方法，并尽可能借助计算机技术。此外，在一定程度上还要依靠管理人员的经验进行专业判断。

3. 风险控制决策

风险控制决策，是在衡量风险之后，对风险问题采取行动或不采取行动。如果决定采取行动，就必须根据风险控制目标运用合理的方法来有效地处理各种风险。这是风险控制过程的一个关键阶段。这一阶段的核心是风险处理手段的选择。

科学的风险控制决策，主要包括以下三个方面：制定企业风险控制的目标；选择风险控制技术；执行控制决策。

决策是一个从目标确定、方案选择到实施的整个动态过程。有了好的方案和控制工具，如果执行不力，甚至束之高阁，那么风险控制的目标就无法实现。所以，贯彻和实施决策是一个重要的环节。执行风险控制决策，就是要解决实际操作问题，将风险对策进一步细化，落实安排到各个工作环节之中。要解决各种风险控制方法的协调配合使用问题，充分发挥各种风险调控方法的作用，取长补短；要视实际情况的进展，及时发现、反馈和调整。在实际过程中应力求充分发挥提前控制的作用，贯彻预防在先、补救在后、控制为先、预防为主的方针。

4. 风险控制效果评价

在前三个阶段的基础上，应对风险控制决策的执行效果进行检查和评价，并不断修正和调整计划。因为风险控制决策是否符合实际，需要通过实践才能做出评价和发现，并加以纠正，尤其是随着环境的变化，新的风险因素也会产生，而原有的风险可能会消失。因此必须定期评价风险控制效果。

评价的基本标准是效果标准。即主要看能否以最小的成本取得最大的安全保障。效果评价的目的是通过总结风险控制的经验教训，力求探索风险发生与控制的规律，以完善企业风险控制工作的科学性。

第二节　企业风险控制的目标及重要意义

一、企业风险控制的目标

企业风险控制的目标主要是处置和控制风险，减少和避免损失，保证企业生产经营活动的顺利进行。风险控制的目标通常被分为两部分，一是损失前的目标，二是损失后的目标。损失前的目标是避免或减少损失的发生；损失后的目标是尽快恢复到损失前的状态。

（一）损失发生前的目标

1. 经济目标

经济目标是指风险管理者用经济的手段为可能发生的风险做好准备，它要求风险管理人员运用最合适的、最佳的技术手段降低管理成本。具体而言，风险控制必须经济合理，应在损失发生前，比较各种风险控制工具以及有关的安全计划，对保险和防损技术费用进行全面财务分析，从而谋求以最合理、最经济的风险处置方式，把控制损失的费用降到最低，通过尽可能低的管理成本，达到最大的安全保障，取得控制的最佳效果，为企业的利润最大化服务。

2. 安全系数目标

企业应提供安全保障，减少员工的心理忧虑和恐惧，并将风险控制在可控的范围内。风险的发生不仅会引起各种财产物质的毁损和造成人身伤亡的后果，还往往会给人们带来严重的忧虑和恐惧感。当员工意识到周围的潜在风险时，会感到焦虑不安，这种心理上的恐惧又会严重影响劳动生产率。此时若管理者不能正常发挥决策水准，瞻前顾后，企业将丧失许多良好的发展机会。企业制订风险控制计划应在提高员工安全意识的同时，体现足够的安全保障。

3. 合法性目标

风险管理者必须密切关注与经营相关的各种法律法规，对每一项经营行为、每一份合同都加以合法性审视，不至于使企业蒙受财务、人员、时间和名誉的损失，保证企业经营活动的合法性。

4. 承担社会责任目标

一个企业遭受的损失绝不只有企业本身，还有它的股东、债权人、客户、消费者、员工，以及一切与之相关的人员和经济组织。损失严重时，甚至会使国家、社会蒙受损害。风险控制也应与各种管理一样，遵守政府的法令和有关规则以及各种公共准则。同时，风险控制还应尽可能全面实施防灾防损计划，尽最大努力消除风险损失的各种隐患，履行必要的社会职责，承担必要的责任。

（二）损失发生后的目标

1. 生存目标

当企业发生了重大损失之后，它的首要目标是生存，因为只有生存下去才有恢复发展的希望。风险事件的发生会给人们带来一定的损失和危害，会影响到生产经营活动和人们的正常生活。风险控制能够给经济单位、家庭和个人提供经济补偿，为生产的恢复和人们生活的正常化提供条件，使企业、家庭和个人发生损失后尽快重整旗鼓，迅速恢复正常生产和生活。

2. 持续经营目标

在损失事件发生后企业经营活动被迫中断，为保证对客户或消费者的服务，确保已有市场，企业应尽快恢复生产。否则，企业的竞争者可能会乘虚而入，抢占企业的市场份额。因此，企业要保持生产服务的持续，尽快恢复正常的生产经营活动秩序。

3. 收益稳定目标

对大多数投资者来说，一个收益稳定的企业要比高风险的企业更具有吸引力。稳定的收益意味着企业的正常发展，为了达到收益稳定的目标，企业必须增加风险管理支出。

企业发生损失后，管理者很关心的一个问题就是损失事件对企业获利能力的影响。一般来说，一个企业都会有一个最低报酬率，它是判别一个经济活动是否可行的标准，同样也是风险控制计划制订的标准。借助风险控制不仅能维持其生存，保证生产经营活动的延续，而且能尽快实现其原有的盈利水平。通过风险控制不仅能使生产过程及时得到恢复，而且可以为企业提供附加的资金，弥补由于风险事件带来的各种损失，这无疑有助于恢复到损失发生前的盈利水平。生产经营的持续可以通过牺牲收入来获得，而有时在生产还未持续进行的情况下，企业可通过其他方式来获得生产以外的稳定收入。

4. 持续发展目标

企业的生产经营如“逆水行舟，不进则退”。企业如果停滞不前，那么竞争者就会通过实力扩张，毫不留情地夺走该企业的顾客，将它排挤出市场。因为风险事故发生后，带来的损失会给企业的发展带来极大的冲击。

为了实现发展目标，管理者必须及时有效地处理各种损失结果，使企业在损失发生之后，能迅速地取得补偿，为企业继续发展创造良好的条件。实现风险控制不仅应使企业在发生损失后能求得生存，恢复原有的盈利水平，而且应促使企业在损失发生后，迎头赶上，实现其经济的持续增长。这一目标要求企业在资金、技术、设备、人才等方面具有较强的实力。

5. 社会责任目标

企业遭受一次严重的损失和灾难后，会影响到雇员、购货单位、供货单位、债权人、税务部门甚至整个社会的利益。如果企业及时有效地处理风险事故带来的损失，减少损失产生的不利影响，可以减轻对国家经济的影响，保护与企业相关的人员和经济组织的利益，因而有利于企业承担社会责任。

所以，实施风险控制应尽可能减轻由于企业受损而对其他人和整个社会的不利影响。若做到这一点，则企业可以获得良好的公众反映，并树立起良好的社会形象。

二、企业风险控制的重要意义

有效的风险控制，对企业的生存发展和社会经济的繁荣具有十分重要的意义。

（一）企业风险控制有利于保障生命财产的最大安全

风险的发生不仅会导致物质财富的毁损和人身伤亡的后果，还会带来心理的恐惧和忧虑，从而严重影响生产经营的效率。某钢铁厂，由于对炼铁高炉可能爆炸的风险因素未加控制而发生爆炸事故，当场炸伤数人，工人们人心惶恐，损失惨重。加强风险控制，造就一个安全稳定的生产经营环境，有利于解除职工的后顾之忧，免于巨灾损失的影响。

（二）企业风险控制有利于降低决策的风险性

通过风险识别、衡量与预测，运用各种控制手段对风险进行处理，有助于减少企业生产经营中的各种风险，避免决策失误。正确的经营决策必须果断排除或控制环境因素的影响，否则就会延误战机。东风汽车公司 20 世纪 80 年代初在国内最早提出与国外汽车公司合资生产轿车的战略设想，但迫于外部环境的压力，起步落后于一汽和上海大众，失去了抢先进入市场的有利时机。

（三）企业风险控制有利于实现企业的经营目标

盈利是企业首要的经营目标，增加收入和减少支出是实现盈利的基本途径。通过风险控制，以最少的支出达到最小的损失，有助于企业增加收入和降低支出，从而直接增加企业的经济效益。同时，在实现经营目标的过程中，需加强风险控制，及时把握风险因素，从中排除各种障碍，合理调整营销策略，为经营目标的实现提供保证。

（四）企业风险控制有利于社会经济的稳定与发展

企业是社会的组成单位，成千上万个企业得益于风险控制，使社会也从中受益。风险控制减少了损失，提高了效益，为增强国力和改善社会福利提供了条件。同时，通过风险控制，各经济单位的资源利用更加有效，也有利于提高社会资源的利用程度，消除或减少由于风险带来的社会资源的浪费。因此，风险控制有利于整个社会经济的稳定增长。

第三节 企业风险控制的主要特征及方法

一、企业风险控制的主要特征

（一）贯穿企业整个经营过程

企业风险管理是一个过程，不是一次性的管理活动，它内植于企业的日常管理活动中，是一个开放式的循环管理过程。企业风险是时时刻刻客观存在的，只要企业存续，就或多或少隐藏着风险，这就要求企业风险控制贯穿全程。从时间先后来看，企业风险控制分为事前控制、事中控制、事后控制。事前控制与事中控制都是最有效的方式，能最大限度地减少企业风险的发生以及造成的损失。事后控制属于补救措施，虽然风险已经发生，但只要采取得当的措施，仍能避免损失的进一步扩大。

（二）为企业的健康发展服务

任何企业风险控制机制都无法完全消灭风险的存在，只能降低风险发生的可能性和减少风险发生所带来的损失，企业风险控制就是通过识别可能会对企业产生影响的威胁，把风险控制在企业可以承受的范围之内。零风险是一种完美状态，但在企业经营过程中却是不可能存在的。从另一个角度来说，企业风险与机遇是并存的，伴随风险的往往是重大的发展机会。作为市场经济的主体，企业经营必须承受一定的风险，否则无法在激烈的竞争中生存。企业风险控制的终极目的，是为企业的发展目标服务，最大限度地控制风险，最大可能地规避因风险控制不当而带来的损失。不能因噎废食，为了控制风险而不愿承担必要的责任，不去抓住企业的发展机遇。

（三）制度与实施行为的结合

制度是基础，实施行为是关键，科学的制度设计为企业风险控制提供了保障，但决定成败的却往往是实施行为。由于企业风险控制往往是对一线业务部门的种种要求和限制，实施起来遇到的不理解或是强度不一的抵制是非常正常的，尤其是建立风险控制体系初期的企业，往往把风险控制停留在一堆纸质或电子制度上，实施起来颇有难度，根本无法取得成效。企业风险控制要自上而下推行，各岗位一丝不苟的执行，使制度与实施行为有机结合，才能达到降低风险的效果。

二、企业风险控制的方法

（一）方法之一：避免风险

1. 避免风险的含义和局限性

（1）避免风险的含义

避免风险是指企业考虑到风险损失的存在或有可能发生，主动放弃和拒绝实施某些可能引起风险损失的方案。

从理论上讲，避免风险是一种最彻底的处置风险的方法，通过避免风险的方法，能够在风险事件发生之前完全消除某一特定风险可能造成的种种损失，而其他任何方式只能降低损失发生的概率或损失的严重程度，或对损失发生后的风险单位及时予以补偿，这些工具的效果都不如采用避免风险工具的效果佳。无论风险是否真正发生，只要它存在，就可能造成人员伤亡、物质损毁和人们精神上的忧虑，避免风险则可消除所有这一切不利后果。避免风险是尽可能地对所有会出现风险的事项和活动都避而远之，这是对风险损失的直接设法回避，是一种最简单易行、全面彻底的处置风险的方法，而且也较为经济安全，保险系数很大。

所以避免风险的主要优点是将损失出现的概率保持在零的水平，并消除以前曾经存在的损失出现的机会。

（2）避免风险的局限性

避免风险虽然是一种处置风险的有用的、极为普遍的方法，企业通过避免风险源，避免可能产生的潜在损失或不确定性，但同时企业也失去了从风险源中获得收益的可能性，因此避免风险的方法也有其局限性。这种局限性具体表现在以下四个方面。

第一，避免风险只有在人们对风险事件的存在与发生、对损失的严重性完全有把握的基础上才具有积极的意义。如果对风险的识别和估计尚无把握，则避免风险的方法就没有任何意义。然而自然界及社会生活瞬息万变、纷繁复杂，人们对它们的认识程度存在着很多限制，不可能对所有的风险都能识别和估计，因此，避免风险的方法存在很大的局限性。

第二，避免风险是通过放弃某些计划或事业为代价而消除可能由此产生的风险与损失。就经济活动而言，企业的计划会面临种种风险以及种种损失的可能性，但与风险损失相对应的则是一定的收益，避免风险常常涉及放弃某项活动，从而也随之失去与这种活动相伴随的种种收益。如新技术的采用、新产品的开发都不可避免地带有种种风险，如果全面放弃这些计划，则未免有些因噎废食之嫌，无法产生积极的作用。所以，避免风险带有消极防御的性质，只有在风险可以避免的情况下，方可采用。如果凡遇风险，就一概回避，企业也就不可能发展。

第三，避免风险的方法可能不太现实。因为避免风险就意味着企业要停止或放弃某些计划，从而使正常的生产经营活动陷于停顿。

第四，从某种意义上说，企业避免一种风险又会产生另一种新的风险。

2. 避免风险的方法

虽然避免风险具有种种局限性，但仍不失为一种处置风险的恰当方式，尤其是当风险损失无法转移时采用。另外，当采用其他方式所需费用太高，得不偿失的时候，采用避免风险的方法比较合适。

在风险管理中，避免风险的一个基本方法是放弃和终止某项计划的实施。例如，在宏观决策中，通过对某项工程或计划进行系统周密的可行性分析和科学论证后，若发现该项工程或计划的实施将面临发生重大损失的潜在风险，就应立即停止该项工程或计划的实施。又如，城市的建设、水库和大坝的兴建、工业的布局、核电站的选址等，都必须进行可行性论证，综合考虑地质结构、生态环境、资源分布等。在微观决策中，对厂址的选择、新产品的开发、污染物质的处置都应在考虑风险及损失问题之后决定取舍。如化工厂的兴建涉及对周围环境包括对大气、水源及其他的危害，如在人口稠密区，风险和损失程度较之其他地区要严重得多，应力求避免。

对企业而言，避免风险的另一个方法是改变生产活动的性质、改变工作地点和工作方法等。生产活动性质的改变属于根本的变化，如军工生产能力在和平稳定时期转向生产民用产品，生产性质的改变既可以减少亏损，又可以取得较高的盈利。

在实施避免风险时，最好应在某一项目的计划阶段就做出决策，因为任何改变现有工作的企图都会带来极大的不便，导致业务的中断以及支付昂贵的费用，如当人们可以选用甲、乙两种方法生产某种特定产品时，甲方法比乙方法的成本低，但风险比乙方法大得多，所以两种方法的比较分析，应在实施前决定选用哪种方法。一旦甲方法开始实施，而再要改变乙方法以避免甲方法的风险，则费用支出会大得多。所以，人们在任何较大投资项目决定之前，都应对费用的支出及风险进行全面的估计，其好处在于不仅能在计划阶段减少风险的费用的支出，而且在实施过程中有意识地增加预防风险的设施，要比在事后被迫补救经济更合理。

在风险管理中运用避免风险的方法，风险管理人员必须首先对需要避免的财产、人身风险及其他有关活动确定范围。其次应将避免风险的方法与其他方法进行分析对比后选择最佳的决策。

（二）方法之二：损失控制

1. 损失控制的含义

损失控制是另一种非常重要的风险控制工具，损失控制的基本内涵是指损失发生前全面地消除损失发生的根源，并力求降低致损事故发生的概率，在损失发生后降低损失的严重程度，所以，损失控制的基本点是预防损失发生和降低损失的严重程度。损失控制是风险管理中最积极主动的风险处置工具，相对其他工具和方法，损失控制更积极、合理、有效，主动地预防与积极地实施抢救比单纯地避免风险、转嫁风险和自担风险更有积极意义，可以克服避免风险的种种局限性。从全社会的角度来看，损失控制要优于转嫁风险，就转嫁风险而言，只是使风险从某些个人或单位转嫁给他人承担，并未能在全社会减少或消除风险损失。保险与自担风险立足于损失后的财务补偿，相对损失控制而言，它们是两种被动地承受风险及其后果的方法。损失控制虽然不可能完全消除损失，但它仍不失为一种积极主动地预防与减少损失后果的工具。

损失控制既包含预防损失与减少损失这一基本点，也包含对意外事件的原因进行分析。通过分析原因，有助于发现灾害损失发生的直接原因与间接原因；通过对偶然事件发生的地理条件的分析，看能否通过改变某一地点而消除致损的原因；通过对风险事件发生时间等因素的分析，做好防范和应急的准备。在损失控制工具的运用过程中，防灾防损工作具有非常重要的意义，尤其应予以特别重视。

需要指出的是，尽管一项有效的损失控制方案可以降低预期损失率，但人们并不可能用后果差异率的测算来对风险的影响做一般性的结论。因为后果的相对差异率会随实际情况的变化而变动。因而，在采用损失控制措施后，将所引起的预期损失的影响同原有的损失波动加以区别，则有助于在几个可行的损失控制计划之间分配有限的资金，以便将损失控制工具与风险财务工具结合起来更有效地处置风险。例如，有两种减少损失的方案，它们对年度预期火灾损失的减轻程度可能是一致的，然而 A 方案的预计节省额是由降低火灾发生概率的措施取得的，B 方案的预计节省额则是通过在火灾发生后防止扩散，从而消除巨额损失的发生获得的。A 方案的优点在于，火灾发生的次数减少，人们每年都能期望获得一定的节省货币额；B 方案的好处则可能体现在长时期考虑中，因为人们在任何一年遭受大火的概率应该是很小的，所以应根据不同情况对各种工具加以综合运用。

2. 损失控制的措施

一般而言，损失控制的措施主要有以下几种类型：①防灾防损的预防措施，旨在消除造成损失的原因；②保护性或半预防性措施，旨在保护处在危险中或易遭受灾害的人或物；③使损失减少到最低，旨在将损失控制在尽可能小的范围内，使损失控制后果降至最低限度；④抢救措施，旨在尽可能地保存受损财产及其价值或受害人员的身体机能。损失控制工具处置风险的重要性不仅在于提供各种措施，更重要的是如何系统地、综合地运用。损失控制工具运用的核心在于损失发生之前，采取种种措施减少或消除损失发生的直接原因和间接原因。因而，我们将损失控制的措施分为损失预防措施和减少损失措施两类。

（1）损失预防措施

损失预防措施是指那些能够降低损失发生概率的措施。损失预防措施又包括纯预防性措施和保护性或半预防性措施。纯预防性措施和保护性或半预防性措施的目的虽然不同，但都是为了减少损失发生。如油库一般有一水泥保护层，同时规定不得在油库周围吸烟等，以减少或消除火灾事故的发生；又如，厂房及各车间均以耐火砖墙隔离以便减少火灾损失；对有危险的机器设备配备安全保护装置，消除潜在的火源，以抗火、耐火材料代替易燃材料以消除火灾隐患；化工厂对有毒液体、气体配备特制密封筒以防泄漏，从而消除引起事故发生的原因。从广义上说，损失预防措施还包括定期举行各种安全会议，宣传贯彻各种安全条例及细则，定期检查各种安全设施，注重安全生产等。

从企业风险管理的角度分析，损失预防应贯穿于企业生产经营活动的整个过程。如企业从一个新项目的最初计划阶段一直到产品生产出来之后，都应注重损失预防、安全生产。随着消费者对产品缺陷认识能力的提高以及索赔事项的日益增加，产品安全计划变得越来越重要了，尤其对一些明显存在危险性的产品及服务来说，预防损失与安全性必须是最先考虑的问题。不但如此，企业在计划阶段注意损失预防，可以用较少的费用支出获得较大的安全效益和经济效益。如在一个新建工厂的最初计划中加入抗火材料以及把存在风险的生产地区和仓库地区隔离开来，就能够取得减少火灾损失的效果，而成本只不过是工厂建成后的改建或火灾后抢救费用的一小部分。在企业的生产阶段，需要注意防止的是导致人身伤害和财产损失的意外事故。英国健康与安全执行机构公布的统计数字表明，工厂中大量发生的工伤事故大多由下跌或上升所致，本身并不需要很多专门的技术知识去防护。同样，许多发生火灾的根源在于吸烟、电路安装错误等人为的原因，因而预防损失的重要环节是注重对职工的安全教育和培训，并保护良好的秩序。此外，对企业风险管理而言，预防损失与产品质量控制密切相连。在制定过程中消除产品缺陷属于质量控制问题，当某种产品使用涉及其他人的安全有致命的危险时，人们就越应采取强有力的全面质量控制制度，以防止或减少潜在损失的出现。

总之，损失预防在损失控制乃至整体风险管理中具有十分重要的意义，消除损失于风险事件发生之前，对实现企业风险管理的目标至关重要。

（2）减少损失措施

减少损失措施是损失发生后所采取的各种措施，以减少损失的严重程度和不利后果。减少损失措施的实质在于尽可能地保护受损财产价值与受损人员的身体机能，从而降低损失的严重程度。动用各种防灾防损设施，是为了能迅速控制损失蔓延和消除风险事故，如火灾发生时动用消防设施和出动消防队，以迅速灭火和限制火灾蔓延。在发生巨大洪水灾害时，及时开闸分洪，以制止更大规模和范围的洪灾损失。

在企业风险管理中，减少损失的措施还应包括应付实际的或严重的损失环境而制订的应急计划。应急计划包括若干抢救措施及企业在发生损失后如何继续进行各种业务活动的计划，旨在尽力减轻财产损失和人员伤害。抢救工作的成功，在很大程度上取决于在任何时候都必须有能力应付紧急情况。如果离开这一条件，任何抢救工作的效果都将大打折扣。所以，对此应予以极大关注。另外，企业营业中断损失的严重性，并不一定直接与财产损失的程度成正比。不少情况是，有许多相对来说较小的财产损失反而会造成旷日持久的停产，从而造成大于财产损失自身若干倍的营业中断损失。因而，企业在制订应急计划时，应注意识别所有可能引起营业中断致损事故的潜在根源和企业各部门之间的相互依赖性，如某一生产流程的损坏是否会使企业的某一种或更多种产品的全部生产中断等。防止营业中断的一个可行办法是，立刻采取某些能够减小各种事故对营业中断产生潜在影响的措施。如对工厂的关键部门或动力供应实行双轨制，同样，通过保持较多的原料和零配件储备或潜在其他供应者，改善企业易受单一供应单位中断供应的风险损失。

3. 损失控制的四个阶段

损失控制作为一种重要而积极主动的风险控制工具，在风险管理中具有重要的作用。通常损失控制的效果，直接从根本上影响着风险管理工具的运用。最完善的事后补救与损失分摊，就整个社会而言，总不及损失的预防与控制，风险及灾害事故的发生总不可避免地给社会带来损失。因而，如何实施损失控制技术，有效地防灾防损与减少损失，则是风险管理决策的重要组成部分。为有效地实施损失控制，一般将其分为四个阶段：①损失与风险因素的分析；②选择损失控制技术；③实施损失控制策略；④检查与评估。

（1）损失与风险因素的分析

损失控制的第一阶段是运用风险识别与估计的方法，识别与分析已经存在并发生的种种损失及后果，识别与分析可能引起或将来可能引起损失的种种潜在风险因素。应该看到损失与风险因素的分析对损失控制至关重要，它是损失控制的基础。

损失与风险因素的分析是一项非常具体的工作，它通过调查系统、报告系统、检查系统等多种途径，汇总信息，收集整理，加工分析，分门别类上报。在企业风险管理中，企业一般采用损失报表进行分析，通过对损失报表的分析与整理，有助于企业分析哪些活动、环节、过程易造成损失，从而加以纠正与防止；有助于企业识别与分析已造成的种种风险因素；为风险管理者提供信息，使他们对企业某些环节的损失控制予以特别关注。这种通过损失报表来进行损失分析的方法在企业中被经常运用，然而对众多的经营者而言，依靠自身的损失记录还难以进行较精确的统计分析，因为它只是一种粗略的扫描分析，因而损失与风险因素的分析必须借助保险公司、风险咨询公司及其他有关单位的信息，以及技术及专家的力量，这样才有助于对损失事件发生的概率、损失频度、致损原因及其他风险因素进行全面的分析。通过这些分析，管理者能够比较迅速、准确地获得有关损失及其原因等方面的重要信息，从而为选择控制工具奠定基础。

（2）选择损失控制技术

损失控制的第二个阶段是指在损失与风险因素分析的基础上选择损失控制技术。也就是选择以什么为主导的损失控制工具，是以预防为主，还是以抢救为主，或是几种工具配合使用，综合处置风险及损失后果，对不同情形采取不同措施，达到降低损失发生的频率，降低损失严重程度的目的。国外学者在分析实施损失控制技术时，又把预防措施与抢救措施分为四个环节，即消除损失发生的前提条件、预防损失、早期发现损失、采取抢救措施限制损失，根据不同的情形来设计和实施。

在这一阶段，除了根据不同的情形采取不同的措施并随时评价其效果外，更重要的是在考虑费用支出与收效比较的基础上选择最合适的损失控制工具。比较费用支出与效果是风险管理的重要内容，体现于各个环节和过程，尤其在损失控制阶段应加以注意。如果能在损失控制阶段取得很好的效果，则无疑会使整个风险管理取得很好的效果，但如果不注意费用与所得的比较，则往往会适得其反。如果企业用于损失控制方面的费用支出远远超过保险费的支出，且这些费用又并不是长期使用的损失控制技术，则这种损失控制工具的选择与使用并非是最有效的工具。可见，在损失控制阶段就应注意费用与效果的比较，否则会劳而无功，并且也很不经济。只有将损失控制工具建立在失与得比较的基础上，方有可能取得较好的效果，这种分析可以通过多种途径进行。损失报告书的编制与分析是一种常用的方法，通常是具体地分析成本项目的各个子项目以及效益项目的各个子项目，然后进行比较、修正与选择。

在费用与效益的分析比较基础上选择的损失控制工具，应该使其获得的效益远远超过预期支出的费用，从而充分体现损失控制工具的优越性。需要说明的是，进行费用与效果的比较的前提是，不仅计算损失事故本身造成的直接耗费，而且估算间接耗费。可以采用保险成本与非保险成本进行分析比较的方法，但更为常见的是通过预期的最低损失额来进行分析。在此基础上，决策人员应了解哪些损失工具可以采用，哪些是最佳的损失控制工具。

选择损失控制技术以后，并非是永远不变的，而需按情形的不同进行调整与补充，以便获得最佳效果。但由于种种原因，损失控制技术有时其结果并不完全像人们想象的那样及时和有效，应该明确的是决策一般都是基于损失控制措施将怎样影响未来而制定的。损失控制专家可能无法相当准确地估计所采用的措施将怎样影响企业每年事故的总损失额，但他们可以掌握一定时期损失发生的频率，以及损失控制措施是否会实质性地降低损失的频率。如果某些地方损失发生的频率因历史原因或工业标准不同而高于一般水平，那么损失控制措施将具有特殊的吸引力，通过损失控制能够使其恢复到可以接受的程度。

（3）实施损失控制策略

损失控制的第三个阶段是实施损失的控制策略。在实施损失控制的过程中，明确各方面所应负的责任，具有重要意义。损失控制作为风险管理中一个带有积极主动性的政策措施，得以有效实施并不仅只是风险管理部门的努力，而应靠企业的各部门、各单位以及每个职工的普遍重视而通力协作，因而明确各部门对损失控制的职责，乃是实施损失控制的重要内容之一。西方有不少企业设有与生产供销部门、财务部门等同样重要的安全生产部门，专门承担损失控制的责任，履行损失控制职能。

在实施损失控制技术的过程中，企业及单位应该认真考虑各项措施的实施方式，权衡各种措施的利弊，使其相互配套，取长补短，获得综合的最佳效果。在具体实施过程中，既应发挥企业自身的力量，也应借助其他方面如消防、保险、救护机构、风险管理机构的力量，使之更能发挥效果。专家应督促与指导这方面的工作，这将有助于损失控制措施的实施。

（4）检查与评估

实施损失控制的最后一个环节是检查与评估损失控制工具及其效果。通过这一环节，可以及时发现问题并加以修正、补救。检查与评估是实施损失控制技术的一个重要补充。人们有效地预防损失的出现，减少损失的种种后果，是很难做到非常准确的。因而必须不断地检查、评估与反馈，这样才有可能增强损失控制的实施效果。

为检查损失控制措施的执行情况，可组织各方面的风险管理专家进行评议。专家可要求管理人员提供研究损失控制情况的全面报告，亦可直接深入企业进行检查。通过检查并利用各种方法获得该企业履行损失控制措施的较准确的情况，并对这些情况进行分析、比较。一种方法是，分析在实施损失控制措施后，出现不安全损失事件占全部观察数的比例，以此作为衡量现阶段不安全损失事件程度的手段。例如，假定在 5000 个观察项目中共出现 400 次损失事件，则目前损失事件的比例为 8%。运用这一比例可以与过去同月、同年的情形比较，也可以与其他部门的情形比较，通过比较可以分析所实施的各类损失控制措施哪些是有效的，哪些效果还不明显，哪些措施被遗漏，问题的症结究竟在何处，应如何加以修正等。当然，采用比例法检查的效果不应仅凭一次结果，而应依据在较长时期的平均数。

检查与评估阶段的另一作用在于，通过定期检查有助于发现各种损失控制措施是否被正确地加以实施，这些措施是否都已达到预期的目的，围绕这两个方面进行检查，能够使这一环节真正成为实施损失控制措施的重要补充。

第四节　企业风险控制面临的问题及其解决对策

一、企业风险控制面临的问题

（一）缺乏正确的风险控制理念

企业风险控制理念是指对所面临的风险的态度和认识。风险控制理念应该与企业当前所处的内部和外部环境相一致，与企业的资源管理状况以及企业发展战略相适应，正确的风险控制理念应该有助于企业战略目标更好地实现。正确的风险控制理念是：既不对风险进行刻意回避，也不为高回报、高收入而刻意追求高风险；既不对面临的风险视而不见，也不对风险过分强调和回避担心。

（二）风险控制机制不够完善

目前，很多企业的风险控制机制主要针对财务管理部门，而没有深入企业产品的开发设计、生产制造、保存管理以及销售等一系列环节，仅有的一些制度也是照搬成功企业的做法，没有立足于自身实际，导致这些制度太过理想化与理论化而难以落实。内部控制是影响企业风险大小的一个重要因素，然而许多企业的内部控制力度较为薄弱，人员间的相互牵制制度没有成型，处理日常业务活动的流程不够规范，具体权责没有落实到个人，当企业出现重大错误时，职员间相互推卸责任，这种现象在我国中小企业中表现得尤为明显。此外，企业对应收账款的管理不够严格，大部分企业由于太过于看重经济利益而不惜采取赊账的方式来销售产品，导致企业的“账面资产”多，而“实际资产”少，坏账多，资金回收率大打折扣，使企业很可能因运营资金短缺而破产。

（三）风险控制方向过于单一

大多数企业的风险控制方向只集中在资金、资产方面，对资金、资产进行严格管理，防止出现丢失、偷盗、非正常减值等意外情况。实质上，在现代企业的经营管理过程中，企业缺少对决策风险的控制，而决策风险对企业整体风险的大小起着决定性的作用。企业的决策风险小，采取正确、科学的决策，有利于增强企业的盈利能力，促进其良性发展。反之，企业的决策风险大，极易出现决策失误的情况，可能会导致企业身处危境。

此外，企业还缺乏在市场、法律等方面的风险意识，如没有考虑本企业的产品在市场中有无竞争力，是否获得广大消费者的青睐，而一味地生产产品，导致滞销；在与其他企业签订合同时，没有对合同进行仔细研读、探讨，很可能会陷入合同陷阱，最终承担巨大的经济损失。

二、企业风险控制问题的解决对策

（一）树立正确的风险管控意识，将消极的应付转变为积极的实施

在目前的市场经济条件下，国有企业会更有动力去开拓更多的市场，更想通过抓住时机走向国外的市场，但是却很少有动力去加强风险的管控，甚至还会有很多的管理人员认为，只有面临危机和失败的企业才应该加强风险管理的控制，他们认为经营状况好的企业去加强风险控制是在做无用功，甚至还会造成各种人才和资源的浪费。也就是说，国有企业风险控制的能力水平受企业高层的态度影响。所以，要想提高国有企业风险控制的意识和能力，就必须让高层领导认识到风险控制的意识，并以此来推动全体工作人员都能正确看待和认识风险，只有这样才能更好地去防范风险。当然风险不只是包含文化和理念，还要付诸行动，要根据企业的发展状况建立适合企业发展的风险管理机制，这种机制包括激励机制和约束机制，激励机制是给企业营造出一种积极向上的氛围，约束机制是为了不让员工形同一盘散沙，防止对工作产生懈怠情绪等情况的发生。只有这样，才能在企业的内部实现风险管理控制的有效实施。

（二）实施多元化的风险控制策略

企业处在市场中，难免会受到各种风险的影响，企业能否有效控制风险，甚至将风险转换为自身发展的机遇，不在于风险自身，而在于企业的风险控制策略以及风险控制能力。因此，企业根据自身实际与外部环境，围绕企业发展目标，实施多元化的风险控制策略就显得尤为重要。首先，企业要懂得规避风险，企业管理者要有敏锐的洞察力，学会审时度势，尽可能地使企业远离风险高危区，如不与信用缺失的企业进行交易往来，退出某一过度竞争的市场等。

其次，企业要有效利用风险转移策略，将自身的风险一部分转给第三方，如为企业及其员工购买保险，当企业遭受巨额意外损失后可从保险公司处获得补偿，从而弥补部分企业的损失。此外，企业还可从每年的利润中抽取一部分设立意外补偿资金以弥补企业受到风险冲击后的资金缺口，防止企业资金链的断裂。

（三）对企业文化进行建设

良好的企业文化有助于企业在面对风险时拥有积极的心态去面对风险，有利于企业创造和谐的环境来提高风险控制的效率。首先，企业要加强企业内部的监督，让企业人员之间可以多进行沟通与交流，这样，企业人员畅所欲言，可以为企业风险控制提供更多意见。其次，企业要借助企业的战略目标，创建良好的企业文化，将企业的有形文化与无形文化进行整合，推动企业经营的发展。

第五节　构建企业风险控制体系的主要途径

一、建立良好的企业风险控制环境

（一）完善法人治理结构，改善风险控制环境

随着我国经济体制的不断改革，市场经济趋势越来越明显，竞争形势越来越激烈。企业要想在激烈的竞争中得以长期发展，必须遵从市场的发展规律，对现代企业来说，必须实施法人制。企业发展的经验告诉我们，企业所有权与经营权分离是现代企业得以良好发展的前提条件。董事会与管理层是一种委托代理的关系。因此，要强化董事会的权和职能，进一步完善法人治理结构，如企业要明确治理结构的管理职责，如明确规定股东会、董事会管理部门的管理职责。企业要真正建立起各个岗位聘用制度，监事会有权真正实施监督经理层权力等制度，真正建立董事会领导下的总经理负责制，充分发挥董事会的监督、制衡和决策作用，减少内部董事数，相应增加外部董事数，特别是一定数量的专业知识扎实、工作经验丰富并有独立判断能力的董事。在制度改进的同时，企业应加强职业经理人和董事等高管人员的诚信管理，增加诚信缺失成本，确保制度有效执行。

（二）加强部门制度化建设，促使风险控制标准化

企业应根据各个部门的职责和实际情况制定相关的管理制度，制定的管理制度要科学合理具有使用价值，而不是单纯地应付上级的检查。部门制度的制定一定要符合本部门的实际情况，要与部门的权力和职责相联系，完善的管理制度是企业风险控制发挥作用的重要保证，在制定企业风险控制制度时应该以内部管理控制规范和内部管理控制评价规范为主要依据，然后针对企业的实际情况在其基础上进行修改。这样使得企业预算管理和评价机构有据可依，促进风险控制目标的实现。

（三）树立风险防范意识，建立风险评估制度

对企业来说，风险是影响其目标实现的未来的不确定事件。企业面临来自不同方面的风险，如市场风险、法律风险、经营风险、财务风险等。这些风险制约着企业未来的发展，为了企业长期的发展，必须把防范控制风险放在企业工作的首要位置。企业应该利用各种宣传方式增强企业管理人员和普通员工的风险防范意识，让他们时刻意识到风险的危害，企业各个部门都应该负起责任来，不要让企业的员工安于现状，时刻增强他们的忧患意识和服务意识。企业应根据各种经济业务和项目的不同特点制定不同的操作流程与作业标准，实施实时监督制度。对较大资金的项目要责令本项目的评估人员对本项目进行严格的风险收益评估，并将评估结果写成报告形式，上报上级部门给予批复。各项资金的比例必须控制在企业可承受的风险范围内，且针对各项资金的比例不得虚报、假报。

二、加强人事管理，不断提高员工的专业素质和综合素质

（一）健全干部管理体系，加强干部队伍建设

要始终坚持正确的用人导向，落实企业“想干事、能干事、会干事、干成事”的人才理念，坚持“德才兼备、注重实绩、群众公认”的用人导向，根据企业发展需要，加强干部培养、干部选拔、干部培训、干部考核评价、干部退出及领导班子建设等关键环节的工作，有效加强干部队伍建设。

（二）完善专业人才培养体系，优化人才质量结构

要突出专业技术人才和专业技能人才的培养，抓住人才培训、评价等重点环节，加强人才培养储备，较快缓解部分专业人才紧缺的压力，扩大高素质技术人才、技能人才在员工中的比例。

1. 要完善培训组织管理体系，加强干部培训

发挥企业职能部门对技术人员及技能人员培训的主体作用。发挥人力资源部门培训工作的归口管理职能，并具体组织实施综合性、基础性、普适性的培训项目，加强干部培训。

2. 要抓住关键工作环节，提高培训成效

加强培训师资队伍建设；增强培训需求调查、分析的能力，提高培训项目计划与企业安全经济运行能力的契合度；加强培训课程的开发、建设，建立岗位覆盖全面的教材体系，建立各类人员、各类型培训模块，积极借助网络课堂等资源，推进培训内容的标准化建设；统一规划、因地制宜，逐步完善培训基础设施，优先满足主体培训项目的需要；增强培训投入产出分析的理念，从培训对象素质提升和培训对企业绩效影响等两个方面，完善培训考核评价体系，做好培训效果评价，形成反馈机制，实行闭环管理；坚持以赛促学，加强技术比武和技能竞赛工作，积极参加集团公司以及行业组织的比武、竞赛活动，形成企业竞赛管理体系建设，逐步完善和固化技术比武和技能竞赛项目的活动方式和表彰奖励办法，营造“比、学、赶、帮、超”的浓厚氛围。

3. 要加强岗位培训，打造部门工作亮点

引导员工制定个人职业生涯规划，并结合岗位实际，制订阶段性的自学计划。深入实施师带徒工作，加强日常化的岗位培训。

坚持“系统化、实用化、标准化”原则，紧密联系生产工作实际，系统规划、分步实施，协同推进硬件系统、软件系统建设，打造职能部门工作亮点、生产经营部门技术亮点。

4. 要完善人才评价体系，推行岗位准入制度

加强专业技术资格评审、职业技能鉴定以及专业技术带头人、技能带头人推选工作，在落实焊工、压力容器操作工特殊工种人员持证上岗规定的同时，逐步推行岗位覆盖更加全面的岗位准入制度。要每年分析研究人员状况，制订提高职称评审通过率、技能等级鉴定通过率、持证上岗率的计划，将技能鉴定专项集中培训、持证（复证）上岗专项培训，纳入每年的培训工作重点。

5. 要有针对性地引入大学毕业生，优化员工学历结构

要突出暖通、计量、工程预算等专业管理人才，加强专业人才梯队建设。按照人才成长规律，加强大学毕业生的培养和使用工作。

探索与高校联合开展后续学历教育，研究制定相关激励措施，引导鼓励员工结合工作实际参加学历教育，优化员工学历结构。

（三）优化薪酬绩效管理体系，构建完善的激励机制

要以人力资源开发目标为导向，突出深化工资制度改革、完善绩效考核管理和强化制度综合效应等重点，构建完善企业激励约束机制。

1. 深化岗位绩效工资制度改革

落实集团公司工资制度改革的原则要求，紧密联系企业实际，建立与人才培养、评价、使用等人才机制相匹配的收入分配机制，增强分配制度的导向功能和与人事制度的协同效应。

2. 强化绩效考核与管理

完善绩效考核和工资总额机制，强化工资总额与企业效益的联动。全面推进全员绩效考核与管理，建立完善自上而下、覆盖全员的绩效考核管理体系，实现考核结果与薪酬待遇、岗位竞聘相挂钩，充分发挥绩效考核导向作用，形成有效的激励约束机制。

三、加强企业内部监督机制

（一）完善企业内部监督制度

随着电力企业竞争趋势的日益激烈，传统的管理方式、监督模式和相关的制度已经暴露出一些致命的缺陷。如实施财务信息化面临的各种数据风险、边远项目建设资金集中监控困难、新增岗位控制程序更新滞后等。制度应该随着企业的发展而不断适应企业发展的新要求，所以要不断更新管理观念。制度设计者应根据企业的实际情况（主要包括企业的管理水平、企业的战略目标等）的变化，不断调整风险控制的相关制度，要做到制度适应企业、制度促进企业的发展而不是企业要适应制度。特别是电力企业风险控制制度要创新，就要结合本企业发展实际和建立现代企业制度的要求，充分考虑企业的性质、规模、施工工艺过程、管理模式等，建立一套具有企业自身特点的风险控制制度。

（二）加强内部审计的作用，促进内部审计质量水平的提高

1. 通过企业风险控制制度的制定、执行和监督机构的设置，强化企业内部审计监管

内部审计是一个企业长期发展的重要保证，所以企业应在各个部门设立审

计小组并保证其独立开展工作，进行独立的部门预算，风险控制审计工作应在企业的相关负责人的直接领导下，由各部门的审计小组的主要负责人组织实施，审计部门直接对单位主要负责人负责，依法独立行使审计职权，定期向相关负责人和董事会汇报审计工作。

2. 内部审计还应该建立内部审计质量管理体系

内部审计质量管理是企业审计工作顺利进行和企业健康发展的重要保证，通过监督企业风险控制的实施情况，了解企业相关制度是否被有效执行，及时将相关信息反馈给有关部门，并向企业管理部门提出报告，充分发挥监督检查的稽核作用，帮助企业更有效地实现预期控制目标，从而保证企业的风险控制更加完善严密。

四、促进企业技术创新

技术创新，是指企业为了适应环境的新要求，利用新思维、新技术和新方法，创造一种新的更有效的资源整合范式，开发新产品、开辟新市场、提供新服务，并实现市场价值的过程。此外，广义的技术创新还包括技术创新扩散，这是社会经济效益增长的根本来源。

技术创新是一个经济和技术相统一的过程，这个过程一般分为技术开发、商业化应用和创新收益三个阶段。技术创新具有内在的重要特征，超前性、高收益和高风险是它的最重要特征。技术创新必须具有超前性和先进性，只有这样，才能使创新者占领竞争的制高点，取得竞争的主动权。

高收益与高风险的对称性，是技术创新最明显的特征。有关资料显示，技术创新有 20% 的成功率就可以收回技术创新的全部投资并取得相应的利润。但技术创新也是一项高风险的活动。由于不确定因素的影响，技术创新存在失败的可能性，这种风险是一种投机性风险，这就决定了技术创新的风险与机会的共生性。而技术创新中的风险又成为企业技术创新的一大障碍。因此，企业从事技术创新活动，必须正确把握有利机会，同时，又要积极防范风险。

风险是阻碍我国企业成功地开展技术创新的重要因素。因此，必须采取合理的控制策略，来达到控制、回避和消除风险的目的。

（一）预先分析策略

在一项创新活动开始之前，要对技术创新过程可能存在的不确定性因素、风险类别、出现的原因、产生的后果，预先进行分析和归纳。由此可以做到胸中有数，使风险处于受监测状态，并事先采取防范措施。

（二）规范化防范策略

将技术创新过程中各阶段要进行的风险分析、风险识别、风险预测、风险评价和风险决策等工作，由谁来做、怎么做、做到何种程度等内容用文件规定下来，作为企业的质量管理标准，以避免风险管理工作中的随意性和无序性。

（三）分阶段防范策略

整个技术创新过程是一个面向目标的多阶段过程，它包括创新设想形成、立项评估、研究开发、中间试验、规模生产、市场销售、技术扩散等阶段，风险存在于各个阶段之中，对于一个技术创新项目，可采用矩阵方法系统地分析各阶段可能存在的各类风险，估测其发生的概率及可能的损失程度，有针对性地进行防范。

（四）分层次防范策略

技术创新风险可分为三个层次：第一层次的风险因素，即企业生存与发展的风险因素，这主要是方向性、战略性、关键性的因素；第二层次的风险因素，主要涉及系统中各个系统的管理与协调的风险因素，如研究开发、生产试验、成果转化、市场销售等环节的管理与协调中的不利因素；第三层次的风险因素，是在创新过程的各个环节中可能出现的最直接最具体的风险因素。应针对不同层次的风险，采取相应的防范策略。

（五）分类防范策略

风险因素是导致技术创新风险的源头，而风险因素复杂多变，影响程度不一，出现的概率不等，人们不可能也没必要对每一种风险因素进行防范。实际上许多风险因素相互关联，相互影响。因此，可以根据一定的标准及其出现的可能性大小进行分类，把性质类似的归为一类，如技术风险因素、社会风险因素、市场风险因素、财务风险因素等，然后，再从中选择重点风险因素，重点设计和采取防范对策，有利于降低技术创新风险。

第六章　大数据时代企业风险控制

在网络信息化的今天，大数据和企业风险控制已经成为企业风险管理的重要方面，在企业风险控制体系下，通过数据的对比预测，帮助企业做出更好的决策方案，尤其是利用大数据的优势，对企业的风险数据进行比较，将企业的风险数据与网络上其他行业的风险数据进行比较，从而寻找企业是否有风险的源头，通过网络自查降低企业风险的概率。

第一节　大数据时代企业风险控制的流程及特点

一、大数据时代企业风险控制的流程

基于大数据在风险控制应用的基础上，对大数据风险控制流程进行进一步分析。该流程主要分为四个阶段，如图 6-1 所示。

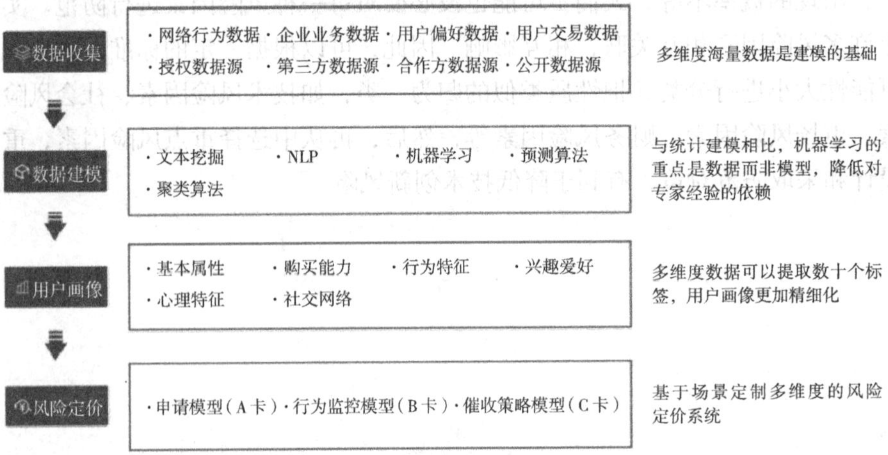
数据收集
·网络行为数据 ·企业业务数据 ·用户偏好数据 ·用户交易数据
·授权数据源 ·第三方数据源 ·合作方数据源 ·公开数据源
多维度海量数据是建模的基础
数据建模
·文本挖掘 ·NLP ·机器学习 ·预测算法
·聚类算法
与统计建模相比，机器学习的重点是数据而非模型，降低对专家经验的依赖
用户画像
·基本属性 ·购买能力 ·行为特征 ·兴趣爱好
·心理特征 ·社交网络
多维度数据可以提取数十个标签，用户画像更加精细化
风险定价
·申请模型（A卡）·行为监控模型（B卡）·催收策略模型（C卡）
基于场景定制多维度的风险定价系统

图 6-1　大数据风险控制流程

（一）数据收集

大数据风险控制是建立在海量的数据的基础之上的，多维度的数据也给数据建模提供了保障。企业自身关于客户的数据是有限的，所以必须尽可能地收集尽可能多的数据，从合作方、第三方平台等众多渠道收集用户多方面的数据。由于大数据风险控制并不像传统风险控制那样注重数据间的因果关系，所以要重视结构化数据以外的半结构化数据以及非结构化数据。

（二）数据建模

在对数据进行清洗的基础上，排除无关数据，并将其转化为易处理的结构类型。根据不同场景提取关键变量，进行建模处理，机器学习模型利用人工神经网络分析、决策树分析方法优化可用数据，寻找其中的规律并不断优化模型。

（三）用户画像

通过机器学习的方法，把数据归类，再打上特征标签，好的多维度的数据标签能够让用户画像变得更加丰富，还能在一定程度上提升机器学习的算法效果。

（四）风险定价

由于不同的策略、模型以及评分通常都服务于特定的具体业务，脱离具体场景的模型所起的作用并不大，所以根据不同场景定制风险定价模型是必须的，当这一步完成后基本的大数据风险控制体系就建立起来了。

二、大数据时代企业风险控制的特点

大数据风险控制与传统风险控制相比有以下几个明显的特点。

（一）客户行为数据纳入风险考虑范围

传统风险控制更加关注因果关系较强的数据，如收入、职业、资产负债率等。而大数据风险控制将弱相关数据纳入其中，认为客户的行为数据可以反映出业务风险的大小，如贷款给有赌博、吸毒等习惯的人毫无疑问风险性很高。并且有的机构通过研究也发现了用户的一些行为特征与信用违约之间的关系，像在深夜进行网络贷款的人通常违约率会比较高，社交不活跃的客户容易产生逾期还款现象等。传统风险控制无法甄别这些隐藏在表面数据背后的逻辑关系，但是大数据的应用对其进行了完善。

（二）风险控制管理时效性更强

传统风险控制不能对客户的数据进行实时更新，滞后的数据以及依赖于专家经验的风险控制管理手段都会在一定程度上影响最终效果，并且在互联网金融的这个大环境下更加不适用，风险控制的时滞性、风险控制不足都会导致措施跟不上势态的发展。相反，大数据风险控制下强大的数据收集能力、分析能力、机器学习自我优化完善能力恰恰能够弥补传统风险控制在时效性方面的不足。

（三）风险控制管理更加敏感

传统风险控制在信用评估时所关注的面较窄，主要以贷款者职业、收入、资产负债等因素作为参照，而这些因素的改变也很难被察觉，大数据风险控制从多个角度进行观察，可能一个很微小数据的改变就能够反映出风险的出现，这样对风险的诞生更加敏感，有利于更好的风险管理。

第二节　大数据时代企业信息安全与会计信息化风险控制

一、大数据时代的企业信息安全风险控制

（一）大数据与企业信息安全管理

1. 当今企业所处的信息环境

在信息系统介入企业商务运作的初期，企业的商务运作环境相对封闭，对信息数据的交互要求也不高，信息系统可以得到企业的完全控制。而如今的信息系统已经成为企业生产业务系统的一部分，企业商务运作中的大量重要信息交互必须依赖于开放的、互联的网络环境进行。

我们生活的地球已经进入了一个“智慧的地球”的新阶段，在“智慧的地球”上，各个领域的边界将会逐渐地消融，各个领域之间交互的信息量激增，且必将建立在更加信任的基础上。与此同时，应运而生的新的协作方式导致信息的流转变得更为复杂。这些都为企业在新的全球化环境中带来了新的风险和挑战。“智慧的地球”将商业企业、医疗机构、教育、政府部门，甚至个人联结到一起，在带来丰富资源的同时，也带来了各种新的潜在的风险，这些风险涉及信息系

统的多个领域。

调查显示，2008 年全球信息系统面临的主要风险包括以下几个方面。

安全漏洞——安全漏洞数量在 2008 年达至顶峰，其中 53% 的安全漏洞仍没有任何厂商提供补丁。在所有的安全漏洞中，54.9% 是 Web 应用安全漏洞，在这 54.9% 的安全漏洞中，有 75% 还没有补丁。

恶意网站——仅 2008 年第四季度，全球新创建的恶意网站数量比 2007 年全年还多一半。2008 年，中国首次超过美国，成为全球恶意网站数量最多的国家。

Web 应用——Web 应用成为企业的弱点及 IT 安全工作的薄弱环节。大量易受攻击的端点，不仅源自浏览器的安全漏洞，还源自大量的恶意电影等。

钓鱼和木马攻击——超过 90% 的网络钓鱼针对金融行业，特洛伊木马占到全部恶意软件的 46%，主要目的是盗用信息。

自从互联网出现以来，新兴技术和数据信息量激增，虚拟化和云计算增加了基础架构的复杂性，新兴技术的应用导致安全违规和安全攻击事件的大量增加，数据量每隔 18 个月翻一番，围绕信息环境的存储、安全和发现的技术变得越来越重要。信息安全问题越来越凸显出来，使得企业规避信息安全风险的需求日趋紧迫。

2. 企业信息安全管理

（1）企业信息安全需求的多层次性

信息技术的快速发展推动了信息全球化的进程，信息在社会经济发展中扮演着一个重要的角色。信息技术渗透到了社会的各行各业，影响着我们每一个人，与此同时，信息也因为其重要价值演变成生产过程中重要的生产要素。

信息安全的概念在说法上存在着不同，但在含义上都是类似的。信息安全是指信息网络的硬件、软件及其系统中的数据受到保护，不受偶然的或者恶意的原因而遭到破坏、更改、泄露，系统连续可靠地正常运行，信息服务不中断。

保障信息安全是一个动静结合的维护过程。首先可以运用一系列的防护工具或措施，如防火墙、操作系统身份认证、加密等。其次运用一些动态的检测工具，如漏洞评估、入侵检测等工具可以及时监控评估系统安全状态，并将结果反馈给系统，由此为系统创建一个完整、动态的安全循环。

（2）大数据发展过程中企业需要的安全服务

在大数据发展过程中企业所必需的安全服务主要包括以下几项。①信息真伪性的判定：对信息的来源进行判断，从而鉴别是否存在伪造来源。②信息保密性的措施：切实保证机密信息不被窃听，或窃听者不能破解信息的真实含义。③信息完整性的保证：保证数据的一致性，使用户无法篡改信息。④信息可用性的支撑：保证合法用户对信息和资源的使用顺利进行，不被拒绝。⑤信息不可抵赖性的保证：建立有效的责任机制，使用户对其行为负责，这一点在电子商务中是十分重要的。⑥信息可控制性的增强：加强对信息的传播及内容的控制能力。⑦信息可审查性的保障：对出现的网络安全问题提供调查的根据和措施。

3. 大数据对企业信息安全管理的挑战

正如高德纳所说："大数据安全是一场必要的斗争。"智能终端、互动频繁的社交网络与超大容量的数字化存储无处不在，大数据已经深入行业的各个领域，正逐渐成为企业重要的生产要素与资本。大数据含有海量的信息，虽然单元价值较低，但是其中蕴藏有高价值的信息，只要提高数据快速处理与分析提取的能力，就可以快捷地从大量数据中提取出高价值的信息。但是，机遇与挑战并存，大数据对企业的信息安全管理也提出了更高的要求。

（1）网络化社会使大数据易成为攻击目标

当下社会日益趋于网络化，为各个行业领域实现大数据的资源共享和数据沟通创建了一个共同平台。以云计算为基础的网络化社会为大数据创造了一个更为开放的环境，不同地区的资源快速整合、动态配置，共建共享数据集合。随着网络访问便利化和数据流的形成，资源能够实现快速弹性推动。但也正是由于平台的暴露，更容易出现黑客攻击大数据的现象。换而言之，在开放网络中，数据与数据之间的联系更为紧密，对于黑客而言，仅用较低的成本就可以破坏大量数据。

最近几年，从互联网上发生的客户账号信息丢失等事件得知，大数据下黑客更容易攻击网络，后果严重。

（2）非结构化数据对大数据存储提出新要求

在大数据之前，数据存储通常分为关系型数据库和文件服务器两种。在大数据时代，种类繁多的数据类型使得人们措手不及。对于 80% 以上的非结构化数据而言，虽然 NoSQL 数据存储具备可扩展性和可用性等优势，便于分析趋势，为大数据的存储提出了初步的解决方法。但是 NoSQL 数据存储需要克服以下难题：第一，与严格访问控制和隐私管理的 SQL 技术相比较，目前 NoSQL 还无法沿用 SQL 的模式，而且适应 NoSQL 的存储模式尚未成熟；第二，虽然该软件从传统数据存储中获取了相关的信息，但其仍然存在一些漏洞，因为它使用的是全新的代码；第三，因为该服务器软件安全性较低，所以需要在客户端应用程序内建立安全因素。

（3）技术发展增加了安全风险

计算机网络技术和人工智能的发展以及服务器、防火墙、无线路由等网络设备和数据挖掘应用系统等的广泛应用，方便了大数据自动收集以及智能动态分析。然而，我们也应该认识到技术发展会使大数据安全风险增加。首先，大数据自身的安全防护存在不足。虽然云计算极大地便利了大数据，但是在大数据的安全控制力度方面仍然不足，应用程序接口访问权限控制以及密钥生成、存储和管理方面的缺失都可能导致数据泄露。此外，大数据自身就是一个可连续攻击的载体，这会引发大数据内部的恶意软件和病毒代码的长期攻击。其次，攻击技术的提高也会导致攻击者在用数据挖掘和数据分析等手段获取价值信息时利用大数据优势进行攻击。

（二）大数据背景下企业信息安全风险控制体系的构建

1. 大数据背景下企业信息风险来源

当今社会已经进入了信息化的全新时代，这得益于近年来计算机技术和大数据的快速发展，以及社会需求的不断进步。与此同时，企业传统的手工生产模式和管理模式也与时俱进，跨入了信息化时代。然而，随着信息化程度的不断推进，企业信息的脆弱性也逐渐暴露。如何通过信息风险评估的方式让企业的信息资产不受侵害，是当前企业实现信息化运作需要解决的头等大事。

一般来说，在大数据背景下，涉及企业信息安全的信息包括：技术图纸，主要存在于技术部、项目部、质管部；商务信息，主要存在于采购部、客服部；财务信息，主要存在于财务部；服务器信息，主要存在于信管部；密码信息，主要存在于各部门所有员工中。

针对以上涉及企业安全的信息，风险来源如下。

（1）来自企业外的风险

①病毒风险。互联网上存在的病毒有许多种，其中一些病毒在感染企业用户计算机后，会篡改计算机的系统文件，损坏系统文件，导致用户计算机崩溃，最后对员工的工作效率产生影响；而用户访问网络的时候，有些病毒会被植入计算机中，造成工作文件丢失，更严重地甚至会泄露机密信息。

②不法分子等黑客风险。一些不法分子利用计算机网络行骗，他们对有特定功能的木马插件层层加壳封装，然后对互联网上的计算机进行扫描找到其存在的漏洞，继而躲开杀毒软件的防护和防火墙的阻挠，从漏洞进入计算机，然

后在计算机中潜伏，在不法分子提前设置的特定时间运行，通过远程终端等常用端口访问，最终不法分子就可以对这台计算机为所欲为而不为人知。特别是技术部、项目部和财务部等部门的计算机如果被黑客植入监视类木马插件，就很有可能被复制技术图纸以及窃取财务网银密码等。还有一些黑客的攻击纯粹是为了彰显自己出众的计算机能力，他们用相同的方法入侵了数以千万计的计算机，让这些计算机成为自己的傀儡，同时在网络上发布大量的数据包。例如，前几年的洪水攻击以及DDoS分布式拒绝服务攻击都由此而来，这会导致受攻击方的服务器资源耗尽，进而彻底崩溃，最终使整个网络彻底瘫痪。

（2）来自企业内的风险

①文件的传输风险。当员工用QQ、MSN等方式传送公司的重要文件时，很可能会使企业的信息资源泄露，如果被竞争公司掌握，就会危害到本公司的生存发展。

②文件的打印风险。当员工把公司的技术资料或商业信息资料打印出来并且带出公司时，很可能会使这些资料信息泄露。

③文件的传真风险。若员工把纸质版的重要资料或技术图纸传真给他人，或者是把其他公司传真给本公司的技术文件和重要资料带走，就会造成企业信息的泄露。

④存储设备的风险。当员工通过光盘或移动硬盘等存储介质将文件资料拷贝出公司时，可能会泄露企业机密信息。如果员工心思不正，私自拆下计算机机箱的硬盘带出公司，则将会造成企业信息的泄露。

⑤上网行为风险。当员工利用计算机对不良网站进行访问时，会给企业网络带来不计其数的病毒和顽固性插件，破坏计算机及企业网络，更有甚者，会在计算机中运行一些破坏性的程序，导致计算机系统的崩溃。

⑥用户密码风险。这主要包括用户密码和管理员密码的风险。如果用户的开机密码、业务系统登录密码被别人掌握，此用户权限内的信息资料和业务数据将会被窃取；如果管理员的密码被窃取，则可能会被不法分子破坏应用系统的正常运行，更糟糕的是整个服务器的数据会被窃取。

⑦机房设备风险。这主要包括服务器、UPS电源、网络交换机、电话交换机、光端机等的风险。这些风险来自防盗、防雷、防火、防水。若这些自然灾害发生，则可能会损坏机房设施，造成业务中断。

⑧办公区域风险。这主要包括办公区域敏感信息的安全风险。部分员工的安全意识相当薄弱，如没有把本部门的重要文件放好或是毫无顾忌地交谈工作

内容，如果这些文件不小心被其他人拿走或工作内容被他人听到，将很可能导致部门的工作机密泄露，甚至是公司机密外泄。

2. 企业信息安全风险控制体系构建原则

（1）科学性原则

理论和时间的结合是科学性原则的核心思想，科学方法的应用不仅在理论上要贴切，还要能够反映评价对象的客观实际情况。

在设计风险控制体系时，要以科学的理论为指导，这样设计出的体系才能够有严谨合理的基本概念和逻辑结构，从而对目标做出具有针对性的控制。

同时，风险控制体系是理论与实际相结合的产物，不管在控制过程中采用了相关的定性、定量方法，又或是建立了模型，都必须从客观的角度出发，抓住其中最重要的、最本质的和最有代表性的东西进行抽象的描述。因为科学性就体现在对客观实际的抽象描述要清楚、简练、符合实际。

（2）系统优化原则

当使用一些风险控制体系对对象展开衡量时，这些体系互相联系，同时互相制约，体系间的横向联系反映了不同侧面的相互制约关系；而体系间的纵向关系反映了不同层次之间的包含关系。同时，当体系属于同一个层次时，尽可能地使它们的界限分明，这样可以避免出现具有内在联系的若干组、若干层次的风险控制体系，使体系具有较好的整体性和系统性。

体系的结构形式并非越多越好，而应当以系统优化为原则，即使用较少的风险控制体系（数量较少，层次较少）较全面系统地反映对象的内容，既不能使用过于复杂的体系，又要避免出现单因素选择，追求风险控制体系的总体最优。风险控制体系要将各方面的关系都考虑到，由于同一个层次的指标之间存在制约关系，因此在设计风险控制体系时应该兼顾到各方面的指标。

（3）通用可比性原则

通用可比性指的是不同时期以及不同对象间的比较，有纵向比较和横向比较两种形式。

1）纵向比较

即把同一对象在不同时期的状态进行对比。风险控制体系要有通用可比性，条件是风险控制体系和各项指标、各种参数的内涵和外延保持稳定，且用以计算各指标相对值的各个参照值（标准值）不变。

2）横向比较

即把同一时期的不同对象之间的状态进行对比。风险控制体系的设计要按照对象之间存在的共同点进行设计。针对具体情况来调整权重，综合评价各个对象的状况再展开比较。因此，对于那些具有相同性质的部门或个体可比较的风险控制指标通常是很容易取得的。

（4）实用性原则

实用性原则指的是实用性、可行性和可操作性。

①体系要简化，方法要简便。风险控制体系要繁简合理，不能设计得太复杂，要在能保证评价结果的客观性、全面性的基础上，尽可能地简化风险控制体系。

②数据要易于获取。无论是采用定性评价指标还是定量评价指标，首先要保证所需的数据容易采集，并且数据信息的获取渠道必须可靠有据。否则评价工作将难以继续或付出太大代价。

③整体操作要规范。在各项风险控制的过程中，各项数据都要实现标准化、规范化。

④要严格控制数据的准确性。要做好质量控制工作，即控制数据的准确性和可靠性。

3. 企业信息安全风险控制体系的构成

依据上述风险控制构建原则，并根据企业信息风险来源，确定基于大数据背景的企业信息安全风险控制体系。其内容包括安全管理机构、安全管理制度、人员安全管理、系统建设管理、系统运维管理、物理安全、设备和主机安全7项。

（1）安全管理机构

此项涉及安全组织体系是否健全，管理职责是否明确，安全管理机构岗位设置、人员配备是否充分合理。

（2）安全管理制度

此项涉及安全策略及有关规章制度的制定、发布、修订及执行情况。

（3）人员安全管理

此项涉及人员的安全和保密意识教育、安全技能培训情况，重点、敏感岗位人员有无特殊管理措施以及对外来人员的管理情况。

（4）系统建设管理

此项涉及关键资产采购时是否进行了安全性测评，对服务机构和人员的保密约束情况如何，在服务提供过程中是否采取了管控措施，以及信息系统开发过程中设计、开发和验收的管理情况。

（5）系统运维管理

此项涉及设备、系统的操作和维护记录，变更管理，安全事件分析和报告；

运行环境与开发环境的分离情况；安全审计、补丁升级管理、安全漏洞检测、网管、权限管理及密码管理等情况，重点检查系统性能的监控措施及运行状况。

（6）物理安全

此项涉及机房安全管控措施、防灾措施、供电和通信系统的保障措施等。

（7）设备和主机安全

此项涉及网络交换设备、安全设备、主机和终端设备的安全性，操作系统的安全配置、病毒防护、恶意代码防范等。

二、大数据时代的企业会计信息化风险控制

（一）大数据背景下会计信息化的风险因素

1. 资源共享平台建设滞后

资源共享平台是会计信息化系统运行的基础与核心，因此，资源共享平台建设直接决定了会计信息化系统的服务能力。现实中，会计信息化系统的资源共享平台的提供者和使用者之间存在一定的矛盾，资源共享平台建设者希望通过统一化和规模化降低软件服务成本的同时获取大量用户来确保自身经济效益。而每个企业实际的会计工作存在较大的差异，为企业提供满足实际需要的会计信息化系统需要进行大量的前期调研工作，并对用户的具体需求进行综合分析，最终为不同企业提供满足不同区域业务需求的适应性广、扩展性高、灵敏性强的系统软件，而这种理想状态需要摆脱巨大技术难题的束缚。由此可见，会计信息化系统资源共享平台建设是一个技术难度高、投资风险大的项目，这些原因导致了目前我国的资源共享平台建设滞后。

2. 资源共享平台安全性低

数据报告显示，我国大部分企业因为安全性问题而反对将企业会计信息和数据进行云存储。目前，我国资源共享平台存在身份认证和数据加密方面的安全隐患。首先，会计信息系统普遍采用的密码验证方式存在设置比较简单、安全系数低、容易被网络中设置的监视设备和病毒截获等缺点。其次，会计信息化系统的数据传输和存储过程中，由于载体的变化和数据的频繁流动加大了数据泄露风险。而我国现阶段的数据加密算法依然存在不足之处，无法保证企业数据信息的安全。

（二）基于大数据时代企业会计信息化风险控制的管理措施

1. 会计部门领导班子起好带头廉政风险自律作用

随着时代的迅速发展，要认真研究各种会计风险控制管理的有关内容，领导班子应做好每周、每月自我批评、检视的表率。不断提高自己的政治意识和思想觉悟，认识其岗位职责范围内的主要责任意识，会计管理工作要认真贯彻落实中央提出的“八大条例”和反“四风”的严格要求，纠正自己工作中存在的不足，分析自己在实行政务公开、民主评价制度等方面的不足之处，并及时发现、及时纠正、及时整改会计管理及风险控制管理方面的例行态化。

2. 结合网络及大数据时代增强会计管理工作的技能

第一，加强会计管理控制建设工作，本身就具有审计会计专业领域学科的重要责任。基于大数据网络时代服务工作的创新管理、创新服务水平、创新驱动程序为理念，全面做好会计审查工作。在审计过程中，时刻要创新原有的规章制度、工作机制，改进工作方法、形式，不断加强会计审计工作的落实措施，以适应新时期会计审计监察风险控制管理工作的新要求。将加强执行力维护服务管理会计工作的权威和独立性为主，实践工作中要积极发现会计审计问题，还要及时积极解决问题的存在性。

第二，将现有的风险量化水平控制方法与传统的控制方法进行比较，以提高会计管理风险点防控措施管理的综合实力。结合不同特征和方法来量化风险控制管理水平，从实际情况分析不同需求发展时期的改革变化，通过不断调整各种整改风险量化评级体系，从而不断提升金融风险管理控制业务需求的量化水平，既要通过社会经济学、统计学、会计管理学、审计学等多学科阶段进行总结性分析，尤其是各学科之间的周期量化等级管控风险性能的基础差异，从而构建企业财务盈利发展的实际会计管理控制风险点防控措施的需求表现。

第三，减小对盈利指标与偿债指标的限制。随着企业业务的经济多元化发展趋势，在许多领域将有一定的投资和开发业务，其资金流动所需的投资和盈利能力的指标需要审计核算确保管理控制需要的基金填补及资金风险量化水平的准确性审计监察控制，这些具体的指标数据直接反映了风险的量化水平和管理会计审核的实际情况，其数据差距将导致管理决策的经济发展。根据公司的实际管理情况和控制人员的灵活运用融资应用政策的数据分析，反映企业财务管理数据的实用价值应用。

3. 提升会计工作人员的职业道德及素质

会计工作人员的综合素质需要从专业化角度逐层稳健提高。

首先，会计工作人员的反腐倡廉思想认识、服务质量、意识要求要到位，明确主要职责是会计管理及风险控制管理工作的基础职责。

其次，提高风险量化等级的准确性。在扩大经济产业风险量化等级防控措施管理的过程中，企业会计管理行业人员应不断提升职业道德及业务素养，不断提高自身风险量化会计管理风险控制管理的工作技术能力，给准确性风险评估和风险量化水平的控制给予稳妥障碍。

最后，会计工作人员要加强专业知识的技能和定期培训，从各种方法和技能方面不断提高自己的专业素质，尽早实现专业的会计管理风险防范措施管理的高技能队伍。转变会计审计意识，不断加强会计管理考核评价反馈意见或建议，切实增强会计管理控制风险点，贯彻落实各项会计管理对策的技术能力。

4. 持之以恒开展会计管理纪律监督工作

首先，要加强会计管理人员的思想政治纪律工作的监督，以确保在相关会计审计、审核等监督制度中严格遵守执行思想政治纪律。

其次，要加强对党员会计管理干部的组织纪律、群众纪律、廉政纪律、工作纪律、生活纪律等方面的评价改进措施完善机制，使得党员带领群众必须遵守纪律的高压线，不可触碰，尤其是会计核算要在监督方面执行规范化、全面化、钉钉办公自动化管理会计的审核及操办流程，特别是企业在物资采购、工程招标、基础设施建设、干部选拔和任用等重要性决定权方面，都应高度重视并加强钉钉办公自动化管理控制风险点防控工作的细微环节，全力以赴做好企业财务管理的会计审计及监督防范风险点的审查技能工作。

第三节　大数据时代的互联网金融企业风险控制

一、互联网金融

（一）互联网金融概念及内涵

自 20 世纪 60 年代以来，我国开始采用电子通信技术进行金融交易服务，起初互联网金融作为一种新兴的融资方式在市场上获得广泛认可。互联网金融狭义的定义就是一种新型金融交易模式，广义的定义还包括金融市场、金融机构和监管调控部门等。

随着新兴技术的蓬勃发展，人们对时效性、安全性、方便快捷性的要求越来越高，过去传统的机构提供的金融服务模式已经越来越不适应人们的需求。大数据、搜索引擎技术在互联网金融交易过程中广泛应用，创造出新型的业务模式即互联网金融。例如，网上银行、电子签约、线上信用贷款服务、线上财富端的投资理财等，以及线上第三方支付、受托支付，一系列的金融交易与大数据技术结合的场景逐步取代了商业金融公司所承担的任务。现在，人们生活中越来越习惯于微信发红包、微信支付、支付宝支付、滴滴打车、快的打车以及借贷宝、钱宝宝等各种“宝”，这些改变了人们的消费习惯、给大家生活带来便利。

（二）互联网金融企业风险

在第三方支付、投资理财、消费金融等互联网金融蓬勃发展之时，企业之间的优胜劣汰也在加速进行；存在诸多问题、不合规、不具资质的互联网企业面临极大的风险。互联网金融公司实施风险控制是该公司在市场上站稳脚跟、取得领先地位的重要举措。通常来讲互联网金融公司在金融交易过程中会面临以下风险。

1. 流动风险

互联网金融的主要特征就是利用大数据，互联网金融从事的金融交易活动，资金与资产匹配流通过程中就会出现风险，称其为流动风险。在资金资产匹配过程、借贷双方资金支付过程中都会借用第三方支付平台，很容易在流通过程中遭遇风险，但是许多互联网金融公司为了抢夺市场，进行产品价格战也增加了流动风险。

2. 信用风险

目前国内许多互联网金融平台业务产生的数据并没有接入中国人民银行征信系统，在撮合交易过程中，一般是靠客户提供的抵质押品，如房本、机动车辆登记本、身份证件、收入流水清单，再结合面签过程中的访谈进行交叉验证，如果遇见专业欺诈贷款者则很容易被骗贷；从投资者层面，并没有对风险进行合理评价，客户管理没有分类分群进行精细化管理，以及对每个客户的偿还能力进行准确评估，导致产品和客户匹配不合适。

3. 法律风险

互联网金融在我国尚处起步探索阶段，监管部门颁布的法律法规约束政策一般是市场运营滞后，因此互联网金融交易过程中的产品认证、资金导入、流量引入、合同签订等各个方面都没有规则遵守。因此互联网金融平台作业过程中处于法律模糊地带，一不小心就踩到法律红线，变成非法集资，或者金融诈骗。

4. 经营风险

互联网金融平台由于利率杠杆过高，加之平台之间的交叉销售、跨平台、跨机构操作，存在洗钱、套现风险；并且金融产品结构设计非常复杂，借贷双方合同条款约定权责不清，以及监管变相套利、跨行业、跨市场的传递等问题都会存在。

5. 技术风险

计算机网络技术应用的日益普及和突破，直接驱动着互联网金融业的发展，但是新技术的应用也带来技术漏洞、信息泄漏、网络安全等问题。例如，使用钓鱼网站、公共场所 Wi-Fi 植入病毒盗取交易资金，截取、篡改客户信息等。截止到 2018 年 3 月，全国个人计算机感染过木马程序的有 3.12 亿台，感染恶意木马程序的手机有 1.21 亿台，导致在金融交易过程中数据泄漏、电信诈骗事件时有发生。更致命的是我国高端计算机芯片、基础软件、通用协议标准等 80% 采用国外标准或者进口国外，对我国金融交易安全、信息安全存在很大的威胁。

6. 监管风险

首先，互联网金融在我国出现的时间较短，属于新兴行业，政府出台的监管政策法律法规还不完善，因此出现的新问题法律法规难以匹配，导致部分金融产品游走于法律边界线或者法律灰色地带。同时互联网金融自身的业务交叉使得立法过程更加复杂，相比于传统金融业的不确定性更大。其次，互联网金融混业经营是客观存在的，与传统的银行、保险、债券这些传统分业监管模式区别很大，虽然监管部门出台了“分类监管、协同监管”等相关指导意见，但是监管能力水平相较于金融创新速度还远远落后。最后，大数据技术的应用使得互联网金融突破了空间限制、时间限制、资源限制，这种时效性极高、互动交易极其频繁的特征是国家监管机构能力难以胜任，有时还需要跨国和他国监管机构协作。

（三）大数据互联网金融的定义

大数据互联网金融是指借助互联网技术，通过整合大量非结构化数据，进行实时分析，提取挖掘关于客户的全面信息，包括消费习惯、生活习惯等，并以此为互联网金融机构服务，帮助其更好地掌握并预测客户行为，从而使金融机构和金融服务平台在营销与风险控制中更有针对性。大数据以云计算为基础，其优势就是能够快速从大体量的数据中挖掘到有价值的信息，换作金融词汇来讲就是从大数据资产中快速变现的能力。因此，大数据与互联网金融的结合可谓是完美。

二、互联网金融公司大数据风险控制应用案例

（一）公司简介和战略定位

A 公司是 2015 年在成都成立的一家全国性业务的互联网金融公司，旗下有易贷网金融、盘古天矶、氢诺科技等子公司。A 公司主要专注于贷款服务端的银行助贷业务，在国内北京、南京、成都、重庆、武汉、深圳、广州等地均开设有分公司。全集团员工有 4200 多人，其中 80% 以上为本科毕业、43% 以上拥有硕士学历，是一家集大数据、人工智能、云计算和互联网金融为一体的互联网金融科技公司，连续三年公司年均营业额达到 300 亿元人民币。

A 公司过去主营业务集中在线下门店，偏重于人工风险控制，这种风险控制模式流程复杂、效率低下、风险控制质量不高，极大地影响了企业业务的发展。集团计划在未来把公司的由门店运营的模式转变为线上运营模式，对大数据、风险控制提出更高的要求。特别成立集团大数据中心，投资 5000 多万元进行大数据建设，全面构建集团核心竞争力、提升同业竞争者的竞争壁垒。

（二）A 公司主营业务风险

1. 房屋抵押贷款风险

在抵押贷款业务中如果借款人缺少资金以房本质押给金融公司进行贷款，从而解除贷款平台的心理顾虑，降低贷款风险，这类抵押贷款称为房屋抵押贷款。目前在金融市场这一款业务所占比重较大，甚至许多新开设的持牌金融机构只做房屋抵押贷款，其他业务不做，在这款业务稳定之后去拓展别的业务。当然把房子抵押了并不意味着就一定能保证完全没有风险，在房贷业务中依然还会存在着各种风险，在 A 公司经营过程中发现，A 公司在房屋抵押贷款中也存在以下风险。

（1）信贷员操作性风险

缺少专业的风险控制信审团队，并且业务团队在进行业务拓展过程中基本上以最基础的基本法来进行贷款审批。由于资金端来自银行、许多风险控制信

审工作还存在于传统银行的面签环节，对风险意识不强，觉得有房本作为抵押物就万事大吉，对抵押物是否具有法律效力、符不符合规定一概不知。信贷员为了拿提成、服务费，不按公司规章制度办事，缺少必要的放贷之前的实地考察，对借款人的偿付能力、房屋当时的价格及其未来 1 ～ 2 年的合理涨跌情况不了解，导致放款后逾期率提升、贷后客户管理变得异常困难。

（2）房屋无效抵押行为风险

借款人用共有财产办理房产抵押贷款时，若贷款人没有要求借款人和财产共有人共同签字，就会自动丧失抵押权，将会使贷款人行使无效的抵押权利。我国法律明文规定，夫妻、兄妹等共有财产进行抵押，则共有人都签字同意才有效。但是在实际业务操作过程中，许多借款客户故意隐瞒事实，而信审人员又无法识别时，则会出现无效抵押贷款风险。

（3）房屋价值下跌风险

首先我国房屋价格是随着全国各地的监管机构的限购政策、银行利率的调控以及学校设置、地铁交通、医院等配套设施的影响而浮动的。并且在经济下行、进入经济寒冬时房屋抵押的估值就会大幅下降，一旦借款人的抵押物价格低于借款价格，则会选择不还贷，并且此时处理该类房产损失惨重。另外，在实际对房屋价格进行评估时，受人为因素干扰较大，有些业务人员为了促成交易、完成业绩拿提成，会与客户串通，故意把房屋价格做高，发生逾期时则无法回收本金更别说是利息了。

（4）抵押登记不完备风险

在办理贷款时信审人员没有参与抵押登记、征信查询，对抵押物是否冻结、是否查封，有没有存在“一物多抵”等情况不了解；更有甚者借款人制造虚假房产证去互联网金融平台骗贷，如果互联网金融公司信贷工作人员不认真仔细，就根本无法识别这些操作风险和借款人的道德风险。此外就是在办理房屋抵押贷款过程中抵押手续没有办成或者手续不符合规定，导致抵押物成悬空状态，此时的抵押没有法律效力，一旦出险则无从担保。

（5）抵押物处置风险

根据我国的法律条文，司法环境的大前提是要保证国计民生，不能出现动摇社会稳定大局面的现象，如果居民只有一套居住房屋，则就算是客户没有偿还能力偿还贷款也只能是查封，而不能没收，也不能进行拍卖或者收回抵债，因此导致互联网金融公司很难实现抵押权。《中华人民共和国担保法》也规定，如果借款人没有能力偿还贷款，则贷款人抵押物转让或拍卖的前提是需要和抵押人达成一致意见，否则出现抵押人跑路、失去联系也能造成贷款公司收回借款。如果抵押房产正处于出租状态，则贷款公司不得强行收回房产和驱赶房屋租赁人，并且根据《中华人民共和国合同法》规定，租房人员享有优先购买全。

2. 汽车抵押贷款风险

机动车辆抵押贷款的条件和提供的材料主要如下：抵押人有合法稳定的工作、对机动车辆有合法所有权，所需提供的材料主要有购车时的购车发票、车船税单、二代身份证原件、军官证、户口本或者其他可证明身份的材料以及贷款公司所需要的其他证明资料。通常车贷业务在市场运营过程中还会存在以下风险。

（1）法律风险

我国法律规定，购车人在质押、抵押贷款中都可以查封，这导致在做汽车抵押贷款业务中，许多车主同一辆车多处借贷，导致在做抵押处理、安装 GPS 时经常会出现矛盾纠纷。

（2）骗贷风险

在实际调查时，如果车主根本不考虑贷款利率，无论多高都要借款，那么大概率判断这就是骗贷；正常客户表现是，非常注重贷款利率、还款周期、违约责任等条款，一般会多家做比较，从利率相对较优惠的公司贷款。

（3）车抵贷业务运营风险

在车抵押实际业务运营过程中，有些汽车 4S 店自身也做贷款金融业务，在购车人全款购车之后，游说购车人在其公司金融业务进行贷款，签署另外一份车辆购置协议，通过此“反贷”操作可以把汽车购置金额的 80% 的钱套现出来。此类操作也会给车贷业务带来风险。

（4）借款人道德风险

有些借款人压根就没有道德底线，一旦出现对自己不利的局面不管有没有合同，都会主动赖账不还，导致房贷风险变得很高。毕竟汽车总体价格不高，能购买得起的人非常多，尤其是二手车基本上只要愿意中国成年公民都能购买，这也进一步说明人员基数多了，人员素质也会良莠不齐。

（5）汽车质量风险

借款人通过经销商购买到非正规途径进货的有质量问题的汽车产生纠纷，增加回收贷款的风险。

（6）贷款机构操作风险

贷前风险控制做的不扎实，借款人出示的收入证明、资金资产证明材料虚假，放贷后风险控制管理做的不到位甚至是不做，放款后对借款人用途没有监督确认导致借款人拿到钱以后用于从事炒股、买基金等高风险业务，极大地增加了放贷资金风险。

3. 个人信用贷款风险

信用贷款主要特征是无抵押、无担保，只考量借款人的信用程度，不考量抵押物的价值度。互联网金融公司进行信用贷款面临的风险主要如下。

（1）借款人还款意愿风险

通过信贷员与客户面审沟通过程中判断，客户在以往还款过程中是否已经有了一种逾期习惯，这种客户无论口头上承诺多么好，其还款意愿都会很差，如果客户打心里不想还钱，就算他有还款能力也不会想到去还款。

（2）借款人还款能力风险

借款人没有稳定的收入来源，偿还能力较低，所以在信审过程中一定要加强客户的互联网金融公司收入流水和资产状况审查，否则会给公司带来极大风险。

（3）借款人负债风险

这里的借款人负债主要包含隐形负债和过度负债，隐形负债指在央行征信报告中或在第三方平台也没有显示 / 隐藏亲朋好友之间的借款、高利贷等。这类人群借款成功，会极大提升放款信贷风险。此外，过度负债风险也非常高，如月收入 1 万元而背负 200 万元负债的平常老百姓来借款，其偿还能力肯定是一个个大大的问号。

（4）欺诈风险

信用贷款骗局很多，这类骗局很多以放款前收取手续费、保证金、质押金等为条件要求借钱方缴纳费用，此外还有黑产中介伪造文件材料协助虚假借款人借款薅羊毛。

（三）A 公司风险控制政策

1. 借款人资格

对借款人的要求是遵纪守法的良好公民，没有犯罪、吸毒、赌博等不良嗜好并且近期没有严重的逾期、犯罪、涉黄等不良行为。

（1）对借款人的调查和分析

此项主要是针对申请借款方的个人综合能力素质、学历、住所居住情况、职业发展情况、婚姻家庭和央行征信报告收入消费征信记录进行调查与评估分析。

（2）对借款企业的调查和分析

此项主要是针对借款公司过去数年的资产负债表、损益表、现金流量表、股权结构进行背景调查，同时还要结合我国行情预测该公司在该行业的未来发展趋势，是否有上升空间，还是有业绩萎缩市值下跌的风向。

（3）对客户来源的分析

对具有法院在判的、有诉讼案件的或者与案件正在仲裁的客户需要增加风险系数，对客户身边亲戚从事非法职业或者无正当职业的则需要谨慎；对在A公司有旧贷款没有还清的、夫妻之间正在办理离婚的、有财产纠纷的、家庭成员或者本人有重大疾病的等情况的客户都不予放贷。

2. 借款人应提供的资料

自然人需要提供的贷款资质材料有居民户口簿、工作居留证、第二代居民身份证原件、结婚证、工作证明、最近12个月的收入清单、央行征信报告等。企业需要提供的资料主要有公司营业执照、公司股东协议、公司近三年财务报表、应收应付明细报表、公司财务审计章程、抵押物证明材料等。

3. 尽职调查

（1）企业尽职调查

尽职调查过程中一般会采取面签中心面审、电话访谈、邮件问卷调查等形式，访问内容包括：企业经营、生产情况；公司内部管理情况；公司是否准时发放工资，创始股东、负责人有无不良嗜好。在对公司尽职调查访谈时，访谈内容包括：企业有无违法经营情况，负责人有没有经营公司的经验，公司的业务能力、营业额是否足够支撑公司日常开支费用，有没有工商税务规定的工商税证书或者营业执照。

（2）自然人尽职调查

此项调查需要到客户家中、工作场地进行实地查勘，确保客户所说的、所提供的资料与风险控制信审人员所掌握的、所见的相一致。虽然客户可以清楚地讲述他所借资金未来的用途，但实际情况往往与其所说的不一致，如果在其家中发现该客户有不良嗜好的痕迹，如赌博用的纸牌、麻将桌、骰子、筹码之类的，则应该立刻拒绝这个客户的贷款申请。

4. 贷款抵押特定资料

（1）全款房抵押借款

借款人本人证明材料如果已婚则出示夫妻双方二代居民身份证原件，如果未婚则只需提供借款人本人身份证原件即可；资产证明材料需要提供的有中华人民共和国房屋所有权证、居住证等。

（2）房产二次抵押

借款人本人证明材料如果已婚则出示夫妻双方二代居民身份证原件，如果未婚则只需提供借款人本人身份证原件即可；资产证明材料需要提供的有中华人民共和国房屋所有权证、抵押贷款合同、居住证、近半年还款流水、征信报告等。

（3）全款车抵押

此项需提供机动车辆保险保单、车辆购置发票、车辆购置税、行驶证、车主身份证原件、户口簿原件等材料。

（4）按揭车抵押

此项需提供机动车辆保险保单、车辆购置发票、车辆购置税、行驶证、车主身份证原件、户口簿原件、央行征信报告、近6个月的还款流水等材料。

5. 借款金额

借款金额通常来说，如果是全款房屋，则贷款额不能超过房屋评估价的71%；第二次抵押贷款，则第二次贷款额度不能超过房屋评估价的71%减去贷款未还金额；如果是全款车贷，则贷款额度不能超过车辆评估价的51%，如果是按揭贷款，则贷款额度不能超过评估价的51%减去在互金平台的贷款未还额度金额。

（四）A公司信贷风险控制

1. 信贷风险控制流程

（1）贷前风险控制流程

1）营销获客

客户来源主要是通过APP申请、线下运营推广团队来拓展。在获客申请阶段需要进行初步筛选，需要符合的条件：借款人男的年龄应该在20～60岁，女的年龄应该在20～55岁；拥有固定收入并且稳定可持续；借款资金用途正面合理，无不良信用记录、无涉案记录。

2）借款申请材料准备

需要收集整理客户以下资料：第二代身份证原件及其复印件，复印件复印在A4纸上；有工作证明及公司HR联系人的劳动合同；有60个工作日内的水费单、燃气单；有最近12个月的工资收入流水。如果为企业法人或股东，则该企业必须在工商注册并且经营满一年。

3）初审

信审人员通过系统初审时应该注意的几点：首先是分析借款人的信用历史还款记录，判断其有无按时还款习惯；其次是通过判断借款人工作是否稳定、家庭生活是否稳定，分析其借款还款能力；最后是要确保借款人提供材料的真实性。

4）电话审核

提交材料的初步审核通过后还需要电话回访复审，一般是通过拨打借款申请人预留的亲属朋友的电话进行交叉验证，验证其材料的真实可靠性，并综合整理电话验证结果形成审核意见，完成审核的初步流程。

5）实地考察

有些信贷产品涉及金额较大，除了资料验真、电话交叉验证之外，还需要去借款人所在的单位、家庭进行实地背景考察调查，确保客户所提供的材料、填写资料的真实性。对于其家庭住址、家庭成员情况、公司经营场所进行必要的拍照取证，最后统一由风险控制部门进行综合评审。

6）第三方征信核查

根据借款人提供的身份证件信息，查询对方征信记录。主要查询征信接口有中国人民银行征信、大公国际、国政通等央行审批或者报备的合法第三方征信机构对借款人身份资料进行验证。

7）复审

结合资料审核、实地考察、背景调查等综合审核结果形成报告，根据评估结果确定授信额度，加入信用评估报告中经由首席执行官批复完成终审。

（2）贷中风险控制流程

①抵押和无抵押贷款合同签署。公司客服工作人员电话通知借款客户审批结果，确认借款人是否需要贷款，如需贷款则风险控制部门进行借款人信息匹配，告知客户合同签约时间。在进一步核查客户所提供的材料之后进行借款合同签订。

②发布借款标的，公布借款人与抵押物信息。

（3）贷后风险控制流程

贷后风险控制环节首先会提前向客户发送还款提醒信息，客户收到信息后如正常还款直到还完全部借款则交易结束；如果产生逾期在M3以内会采取短信、微信、邮件信函电话等方式催收，如逾期产生在M3以上，则启动催收流程和不良资产处理流程。

2. 信贷存在的风险及原因

（1）数据获取、挖掘难度大

在我国，使用大数据进行信贷风险管理起步较晚，大多机构尚未建立起成熟的体制机制，机构间、行业间的信息共享不畅通，信息的覆盖率、准确率不高。此外，金融机构由于硬件和人员技术的落后等原因，依靠自身场景获取有效数据的能力不强。像阿里巴巴这样的大型电商网站，其通过自身平台获取基础数据，通过不断收购其他小的电商平台和用户个人获取辅助补充数据，对于这样的平台获取数据是比较容易的，但是除此之外的其他中小平台或机构，其获取的数据是单一的，再加上数据就是企业的优势资本，要实现无偿的信息共享难度较大。

数据挖掘的定义为，从大量有噪声模糊的、不完全的、随机的数据中提取隐藏在其中未知但又是肯定存在的、具有一定价值的信息和知识的过程。简言之就是从数据库中辨别出有效的、潜在有用的、新颖的，以及最终可以被理解的模式的非平凡过程，数据挖掘实施流程如图 6-2 所示。

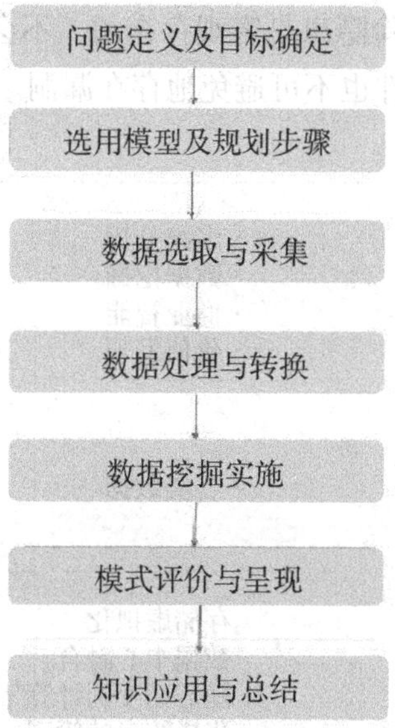

图 6-2　数据挖掘实施流程图

对于信息获取而言，互联网大数据和传统机构化数据的挖掘及复合应用更为困难。由于数据更新频率、处理难度和稀疏程度的显著差异，关于大数据和传统数据如何结合尚未出现较为成熟的应用方案。随着硬件设备的不断升级和计算机技术的发展，数据的存储能力不再是限制大数据技术应用发展的关键，数据（主要指多维的结构化数据或者半结构化数据）的运算和挖掘才是决定应用水平这个木桶的那块最短木板，其分析和运算的时耗非常长。依靠大数据技术的信贷风险控制过程往往只需要几分钟，这就对多维的结构化数据分析和运算在技术上提出了更高的要求。

（2）信息安全风险凸显

在大数据背景下，信贷风险控制的分析应用高度依赖于互联网技术，数据在收集、传输和存储的过程中，可能因为黑客攻击风险、管理风险、硬件故障风险等造成数据的泄露和破坏，信息系统也有可能遭受不可逆的破坏，个人隐私和客户权益有可能遭受严重威胁。

一是黑客攻击。谋取经济利益是黑客攻击的主要动机。在大数据背景下，金融信贷信息的价值不断攀高，信息所能创造的财富远远超出所能想象的价值，这就导致黑客攻击的频率提升，信息安全风险不断凸显。图 6-3 是银行大数据应用框架。在大数据信贷业务中，应用框架中的手机银行就潜藏着被黑客攻击的风险，这是由于大量用户手机中安卓系统的脆弱性给黑客留下了攻击入口，而系统的脆弱性带来的风险隐患是客观存在的，不会以人的意志为转移。在数据存储层的存储虚拟化软件也不可避免地存在漏洞。

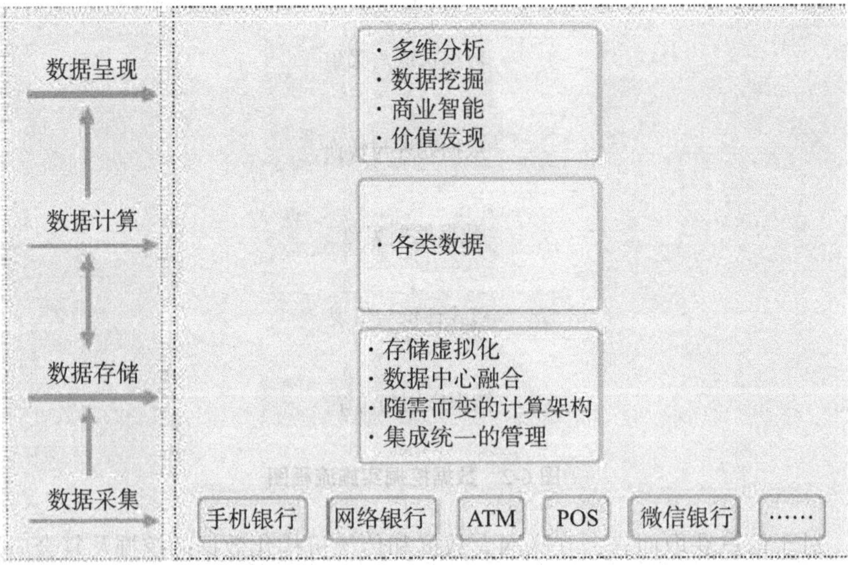

图 6-3　银行大数据应用框架

二是管理风险。在银行的管理中，人员操作不熟练、移动存储管理不严、系统管理误操作、系统的用户权限管理混乱等问题都会带来各种信息安全问题。例如，图 6-3 中，因管理混乱，数据存储层用户在未被授权的情况下通过云平台的特权接口访问云技术资源，或对银行信息进行过度挖掘而造成信息泄露；数据呈现层因内部管理混乱，对数据报表保护不利，这些都将带来不可避免的损失。

三是硬件故障。大数据技术是在计算机硬件的基础上得以实现的，硬件安全是基础。随着设备量的增加和信息复杂性加强，硬件的复杂性也不断增强，同时系统兼容性问题也不断凸显。

四是不可抗拒自然灾害。当应对不可抗拒自然灾害时，新型互联网金融企业没有建立起和传统金融机构如银行那样的应对体系，灾难来临时，往往会造成数据的毁灭性破坏。

数据信息泄露本就会给用户带来一定的损失，但是大数据技术就像一个效果放大器，尽管是很小的一个漏洞，经过大数据技术这个放大器，就有可能导致极大的损失。这就是金融和网络安全双重叠加的风险，如 2014 年 2 月，号称全球最大的比特币交易平台 Mt.Gox 据称因系统漏洞损失了大量比特币，由于无法弥补客户损失而申请破产保护，投资者损失高达数十亿元。

（3）法律风险增大

随着计算机技术的发展，政策与法规高度不确定的风险慢慢显现。如果没有系统法律来规范约束大数据应用行为，将潜藏很大风险。

一方面，对金融机构来说安全即意味着金钱。金融机构使用客户信息存在监管空缺，客户个人信息使用未被授权，即使部分信息被授权，如果没有法律约束就有可能被泄露，更有甚者有的金融机构为了牟利可能将客户信息卖出，致使用户信息泄露，有可能给用户造成巨大损失。

另一方面，居民对个人信息的获取、储存、分析、使用等有个体信息自决权，这一权利与大数据的应用存在着一定的对立。如何解释信息自决权的内涵和外延，如何解决信息自决权与依赖信息而生的大数据应用之间的矛盾……在这些问题还未被解答之前，法律风险不断凸显。

（4）缺少规范数据应用模型

大数据背景下的信贷风险控制和传统的相比较，主要区别在信息的使用方式上。传统金融依靠的是判断用户的强特征，如贷款人有没有房，有没有车，每月收入是多少等。这些信息不仅僵化，而且无法保证真实，使得金融机构尽职调查成本也大大增加。但是大数据风险控制应用的是信息的弱特征，如用户各个行为特征、习惯特征表现出的信息。但目前，因大数据背景下的信贷风险控制还不是很成熟，规范的数据应用模型还未建立，通过怎样的模型评价风险疑点仍由金融机构自身设定。目前对这一技术使用较成熟的一般是用钱宝、支付宝等网络平台，这些平台通过模型寻找、总结用户在工作、生活中的弱特征，从而为信贷风险分析做决策的借鉴，通过系统地迭代和挖掘，这些平台每天新输出三四千万个模型。金融机构因其经营机制不灵活、技术水平不高等问题，无法高效挖掘出用户的弱特征，也无法将这些弱特征组合成规范的应用模型，因此实践起来存在困难。

3. 信贷风险控制的对策建议

（1）推进信贷大数据全面共享

大数据分为结构化大数据与非结构化大数据，结构化大数据在20世纪末期已经有深入的研究，产生了关系型数据库以及数据仓库等相对成熟的技术与产品，而非结构化大数据，体量是结构化大数据的十倍甚至更多。非结构化大数据的挖掘、分析和共享已经成了当前研究的热点与难点。以互联网为依托的现代授信业务中，对客户信息的收集早已突破客户收入、负债等传统信息的限制，金融机构可以将客户类型、消费行为与能力、兴趣偏好等信息综合收集、描述和分析。多机构多行业的结构化数据和非结构化数据的全面共享将大大提升大数据分析的效率和质量。因此，建立全面有效的公共数据库将是大势所趋。

根据我国的实际，建议本着共建共享的原则，以中国人民银行征信部门为主，私人征信机构参与，个人自愿补充的多元共建模式，建立起全部有效的信贷公共数据库。以这种模式建立的公共数据库很大程度上克服了机构间、行业间信息共享不畅通的问题。公共数据库的数据主要包括三个方面：一是金融机构或私有征信机构通过自身平台或者场景积累的数据；二是政府机构掌握的个人信息；三是个人私有数据。因此信息的覆盖率和准确率也将大大提高。同时，多渠道的数据来源加快了数据更新的频率，再加上统一的数据资产治理，将大大提升大数据分析的效率和质量。

此外，可以推动传统银行与私人征信机构之间的有效合作。例如，蚂蚁金服掌握了大数据信息，商业银行与之合作，借助互联网的大数据系统，重塑自身的信息处理和风险管理功能。

（2）深化信贷大数据挖掘和加工

大数据技术真正的意义在于对数据信息预测性的分析，以问题为中心，以数据为基础，通过科学地建立模型，进行探索式建模和发现。例如，个人信贷业务具有客户数目巨大、单户授信规模小、风险分散的特点。虽然单户发生风险的可能性是不确定的，但是对于全体客户来说，发生风险的比例却是相对稳定的，一般符合大数定律，即当实验次数足够多时，事件出现的频率无穷接近于该事件发生的概率。通过对大量客户信息的分析和挖掘，能够找到其风险特征和预期贷款表现的规律，那么基于大数定律，其他条件的客户也会表现出同样的规律，从而可建立各类评分卡，量化评估客户未来的违约风险概率，并依据评分卡管理客户。

从另一个角度说，大数据可被看成一种产业，其实现盈利的关键，在于提高对数据的挖掘加工能力，通过挖掘加工获取更为丰富的关联数据，从而对客户行为信息有更深层次的把握和了解，为金融产品和服务的不断自我更新与进化提供养分。这就要求这一领域的从业人员具有数据性思维，数据性思维主要表现在：第一，对全部数据进行分析，而不是随机抽样；第二，并不过于追求精确性，而是重视数据的复杂性；第三，更多挖掘数据的相关性，而不是因果关系。

此外，应该明确的是数据并不是越大越好，如果存储的数据过于繁杂，就会出现很多数据不一致、数据需要多角度分析、数据分析时耗长等问题。因此对数据进行设计和抽取，让专家建立有效的业务模型非常有必要，如贷前分析模型、信用评分模型、贷中监督模型等。通过系列数学模型等分析数据间的弱关系，从而识别出信贷风险发生的可能性，为信贷决策提供最优借鉴。

（3）加强信息和网络安全监管

大数据时代，对数据安全和系统稳定性要求越来越高，加强信息和网络安全管理，使其跟上大数据发展的脚步显得格外重要。

首先，加强信息和网络安全管理的关键在于技术的创新。一是完善数据加密算法，确保数据传输安全。结合自身的具体情况对在用加密算法加以改进和完善，开发出属于自己的加密技术。二是采用云计算技术和 Hadoop 分布式系统重构数据库。三是严把第三方合作机构资质审核关。计算机技术发展日新月异，银行受制于自身技术不足，但资金充足的优势将大量系统开发等业务外包给第三方机构。那么第三方机构的技术水平、人员素质、保密程度都将决定着系统的信息安全和网络安全。加强对第三方合作机构的资质审核十分重要。

其次，强化流程的细化分工。在信贷业务中，涉及的部门和人员较多，在明确岗位职责的情况下将信贷流程进行细化切分，使信贷流程涉及的业务只能局部地呈现给待办员工，隐藏部分不需要信息，让在办人员无法判断贷款人。

最后，完善信贷风险控制的应急处理制度。一是从信贷风险防控的角度完善规章制度；二是对信贷可能风险点进行排查。在信贷业务中存在严重失职行为的个人或者部门依法追究其民事责任。

（4）完善金融法律监管规则

根据大数据技术的发展，应补充完善覆盖信贷风险控制与个人信息保护各个问题以及空白的法律法规，使法律完善程度与技术发展程度相适应，使法律法规成为规范风险的有效手段，特别是针对大数据背景下信贷风险控制中获取客户信息的环节，应借鉴国外的商业银行的做法，结合我国实际，按照“最小授权、最小知悉范围、最小信息量”的金融信息使用原则，在个人授权情况下使用信息。在法律层面还无法做到有效保护个人隐私的情况下，充分利用好以中国人民银行征信部门为主，私人征信机构（如蚂蚁信用服务等）参与的征信体系，在顶层设计上有效防止信息泄露，对金融机构获取客户信用信息只提供信用分数，而不提供信用信息。

（5）拓展大数据信贷风险控制应用

传统信贷风险计量主要采用申请信息、中国人民银行征信等信息开发信用评分模型及风险规则。大数据下信贷风险计量技术应突破传统的限制，在数据方面融入大量的非传统数据和传统数据相结合，更全面地评估贷款人的信用情况。拓展大数据信贷风险控制应用，将新型的模型技术应用于实际应用，从而实现全面、准确评估客户风险的目的。

1）打造企业级的大数据平台

打造企业级大数据平台的主要过程：收集信贷业务过程中需要用到的客户行为数据、信贷历史数据、市场数据等，对这些数据进行数据清洗、数据输入、数据分类、数据存储和数据输出，面向不同需求的数据计算处理过程形成可调用的数据库或数据仓库，基于这样的数据库或数据仓库，实现信贷业务的信息完善、贷前审核、实时监控、风险控制、信贷质量统计、贷款催收等应用。

2）客户信息核查预测应用

随着大数据的兴起，对客户身份核查的信息不再局限于个人信息、工作信息、居住信息、贷款信息、查询信息等，还扩展到了客户互联网行为数据、电信运营商数据、电商平台信息数据、银行卡流水数据等，这些信息较为准确地反映了客户的消费能力及经营情况。但这一应用需要着力解决由此产生的法律风险。此外，对收集、处理的数据进行分析，挖掘出数据的潜在价值，建立评估模型和策略，预测信贷风险，供信用评分服务，这也是对中国人民银行征信系统的有力补充。

3）建立风险控制应用

商业银行的资产质量存在周期性波动的特征，且与宏观经济周期呈正相关性。目前我国经济运行处于下行周期，行业产能过剩凸显，风险难度较大。因此深化风险监控体系，建立事前预警、事中控制、事后监督的监控流程是应对信贷风险的必要举措。提前发现风险点并预警，金融机构才能采取针对性的措施，及时控制损失，大数据在风险控制方面有着得天独厚的优势。例如，金融机构通过电商平台实时获取每个商铺的交易信息、用户评价信息等，从而知晓每个商铺的经营情况和还款能力等；如通过对借款人的联系人、社交圈等的关联分析，或者分析借款人在互联网上关注、浏览的贷款信息，社交网络中贷款推销人员的信息等，辅助共债信息的判断。这些实时获取的信息将实时更新公共数据库，在整个链条中，全流程跟踪每一个节点的异动，从而实现风险的提前预警，而不需要等待违约的真正发生。

4）优化客户逾期催收应用

大数据对于客户逾期催收应用主要体现在三个方面。一是优化催收策略，通过大数据分析进行客户的分类，根据客户分类决定所采用的催收方式。大数据为完善计量工具、提高计量模型的准确性提供了一种可能。二是丰富客户信息，通过大数据获取客户的微信、微博等新兴社交工具，丰富催收方式。三是增加触达方式，如通过电信运营商和电子商务的数据，对失联客户联系信息的修复起补充作用，对存量高风险客户提前止损。

（五）基于信用评分的大数据风险控制平台

A 公司组织大数据人才团队搭建出一套现代化互联网金融行业标准大数据平台，构建集团市场核心竞争力，提升集团运营管理水平；构建大数据智能云风险控制平台，实现风险控制线上自动化。满足信贷线上业务机器自动完成风险控制信审、授信、放款等环节。大数据风险控制平台图如图 6-4 所示。

图 6-4　大数据风险控制平台图

1. 大数据平台信用评分风险控制数据源

A 公司信用评分数据主要来源有三点：首先是集团及其各子公司经营的生产交易数据；其次是外部对接的第三方征信数据；最后是通过网络爬虫抓圈的网上公开的司法数据、社保数据、公积金数据、电商平台数据、运营商数据等。总体上来说数据量不大，但样本数据覆盖面比较全，基本上可以满足信用评分卡模型建设的需要。

2. A 公司信用评分卡建模步骤和流程

评分卡建模步骤和流程如图 6-5 所示。

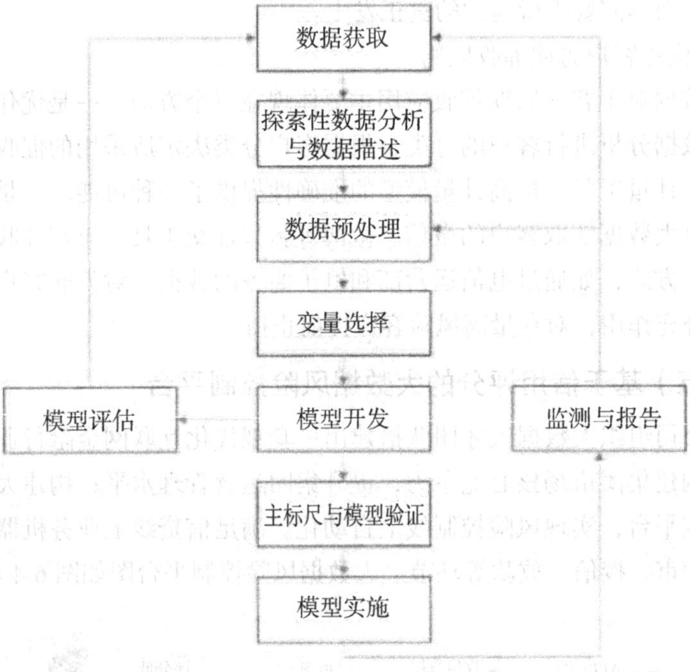

图 6-5　评分卡建模步骤和流程

不同公司应用场景不同，可以对步骤进行调整，包括步骤的先后顺序、流程的重复和增减。简要描述如下。

（1）数据获取

在建模过程中需要采集足够多的样本数据，通常针对贷款频率高、还款周期短的场景样本数据的采集至少需要 12 个月，而且需要覆盖全产品全渠道数据。

（2）探索性数据分析与数据描述

对建模样本数据质量进行探查分析，查看样本数据是否有缺失、异常情况，分析后续样本数据处理方法和应对策略。

（3）对数据的预处理

此项包括数据清洗、缺失值和异常值处理，这些步骤主要是为了把不规范的数据加工成可以用于开发模型的结构化的数据。

（4）有用的变量选择

其主要目的是在众多变量中，通过科学的方式筛选出影响效果最好的变量。

（5）模型开发

模型开发具体由三个部分组成：变量分段、权重、回归算法。

（6）主标尺与模型验证

此项主要对开发模型采用其他样本数据进行交叉验证，并确定模型验证的标准。

（7）模型评估

这一步骤是通过各种客观的统计方式，对模型的各种属性（如预测能力、稳定性等）进行评估，以此来衡量模型的效果。

（8）实施

该步骤是把开发的模型进行实际的应用部署。

（9）监测和报告

该步骤是对目前的模型进行监控。因为根据环境的变化，原先模型中的变量也会有变动，导致模型的准确度下降。通过该步骤可以监控其模型的变化，以便让模型开发团队更好地应付环境的变化。

（六）大数据给 A 公司带来的提升

1. 支撑集团战略落地

建立一支技术先进的大数据团队，实现金融大数据平台战略，深化人工智能、机器学习技术应用，支撑集团未来金融科技发展，支撑 A 公司资金、牌照、流量、服务总体发展战略。

2. 风险控制审批效率更便捷

A 公司在使用大数据技术之前的风险控制信审还处于传统的面签访谈、实地考察等阶段，并且在实际操作过程中由于工作人员的专业性不统一、业务水平也参差不齐，风险控制审批效率不高、质量也不好，存在许多操作性风险。通常来讲，房贷一笔业务风险控制审批环节快则一至三天、慢则十天半月，并且人的因素影响非常大，总体而言效率不高。

随着大数据风险控制智能平台线上运行之后，过去的线下依靠人工进行的资产状况核实等信审工作，绝大部分可以通过系统解决，最后通过系统给出的信用评估报告也更科学、信用评级结果也更精准。因为该大数据平台对接了中国人民银行征信中心报告数据、社保数据，还有身份证、手机运营商数据等，完全可以实现秒级信审、秒级放贷。

3. 反欺诈能力大幅提升

A公司金融业务在资金流转过程中有许多是在线完成交易，线上和线下不同。许多借款申请人的身份证明材料可以通过技术手段伪造，或者团伙作案骗其贷款，俗称薅羊毛行为。

随着A公司大数据人工智能技术的应用，消费金融缩短了欺诈识别时间、降低了识别错误率。

4. 营销更精准和客服更智能

大数据技术使用之前，A公司的营销获客主要依靠电台广告投放、搜索引擎浏览量引入等方式进行，由于获客端更多的是依赖与百度、奇虎360等外部平台，很难准确判断哪个广告投放渠道价值更高，哪些不好。大部分是靠钱无差别投放，广告费用巨大，有时候发现公司花费500万元投放的广告效果与竞争对手150万元投放的效果相差不大，但是又找不到根源。

第四节　基于大数据的S房地产企业税务风险控制

大数据技术是新信息技术的代表，在环境多变的情况下，可以支撑企业对未来业务的预测。“互联网+税务”开始出现后，大数据技术为企业税务风险控制带来新的机遇。

一、大数据与税收风险管理

（一）税务风险概述

1. 税务风险的内涵

企业税务风险，融于财务风险、经营风险，包含两个方面的内容：一是企业违反税收法律法规，不缴、少缴、漏缴而受到处罚增加成本；二是企业没有充分利用税收政策，承担了多余的税收负担。

企业税务风险的分类可以从外部环境和内部环境两方面理解。外部风险具有不可控性，引发风险的因素主要有宏观环境、政策环境等，一般难以进行控制，需及时进行识别和规避。内部风险具有可控性，引发风险的因素主要有淡薄的风险意识、不完善的管理制度、不健全的内控制度，这类风险可以及时进行监控。

税务风险主要有以下几个特点。①普遍性和客观性。税务风险贯穿于整个企业经营过程，它是客观存在的。对税务风险进行控制，只能降低税务风险，而不能消除税务风险。②不确定性和损失性。风险的不确定性，主要体现在风险发生的不确定、风险发生后产生的后果不确定。风险的不确定性可能会给企业造成损失，包括经济利益的损失，也包括企业信誉方面的损失，因此税务风险具有损失性。③可控性。风险虽然客观存在，但可以通过风险管理将风险降低至可控水平，降低风险成本。

房地产方面的税务风险可以理解为两个方面的内容：一是没有遵守税收法律法规，可能给企业带来不确定的损失，如因偷税、逃税被发现受到处罚而增加成本；二是房地产企业没有准确理解税收政策，而承担了多余的税收责任，或是没有进行较好的税收筹划而导致房地产企业多缴税。

2. 税务风险的阶段性

税务风险的形成并非短暂性的，而是长期累积并逐步发展的结果。税务风险在整个发展过程中，在不同的时期表现出来的特征不一样，大致可以分为四个阶段，如图 6-6 所示。

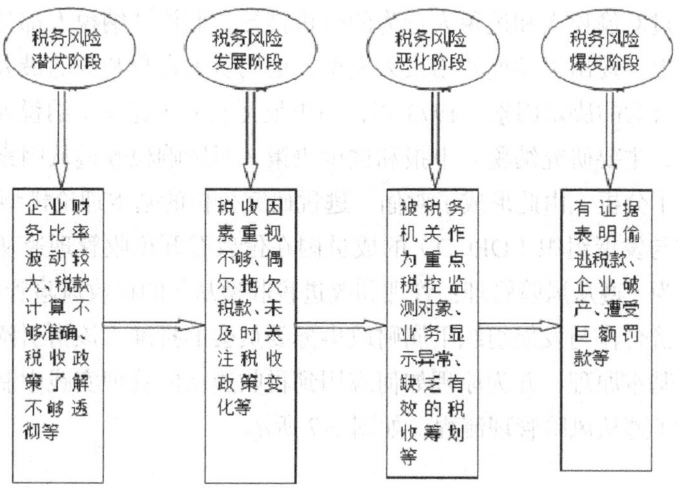

图 6-6　税务风险的四个阶段

把握税务风险的四个阶段，及时对税务风险进行监控，有利于税务风险控制机制的建立，最科学有效的阶段是税务风险潜伏阶段。

（二）税务风险相关理论

1. 信息不对称理论

1996 年，诺贝尔经济学奖颁给了将博弈论应用于不对称信息下机制设计的经济学家詹姆斯·莫里斯和威廉·维克里，以表彰二人在激励理论和信息经济学等方面做出的相关贡献，他们对激励条件下最优所得税问题进行了经典性研究，第一次从信息不对称角度提出了“最优税制”理论，这是学术界首次运用不对称信息对税收风险管理进行了研究。2001 年，诺贝尔经济学奖再次颁给了提出“使用不对称信息进行市场分析”的三位美国经济学家，这项研究为不对称信息市场的一般理论奠定了基石。

信息不对称理论，是指在市场经济活动中，掌握大量信息的、占据主导信息优势的为顺势方，而在信息上获取贫乏、处于被动地位的则为逆势方。信息不对称理论同样适用于税收风险领域。在税收实践中，信息不对称是一种普遍存在的现象，也是现代税收征管所致力于解决的突出问题。税收管理中信息不对称的参与人主要涉及税务机关（包括税务人员）、第三方和纳税人。

2. 纳税遵从风险管理理论

纳税遵从的研究始于 20 世纪 70 年代，美国开始了对纳税遵从早期的研究，并开始定义这一理论的具体内容。其中具有代表性的是，1972 年，阿林厄姆和桑德姆通过对偷税人和逃税人行为的分析推导，假设“纳税人都是理性人”，在此基础上，提出了预期效用最大模型，他们认为自身利益的最大化是纳税人做出遵从行为的决定因素。1973 年，斯里尼瓦桑分析建立了纳税人预期所得最大化模型，主要研究纳税人申报和逃税决策，对影响税收遵从因素和税收遵从成本进行了分析，由此形成了对偷、逃税研究分析的基本理论模型。2002 年，经济合作与发展组织（OECD）的成员国在伦敦召开税收管理遵从小组论坛，提出了名为《遵从风险管理：管理和改进税收遵从》的税收风险管理应用指引，得到了经济合作与发展组织下属财政事务委员会的批准，该指引阐述了税收风险管理的基本原理，并为原理如何应用到税收遵从的管理实践中制定了风险框架，提出了遵从风险管理流程，如图 6-7 所示。

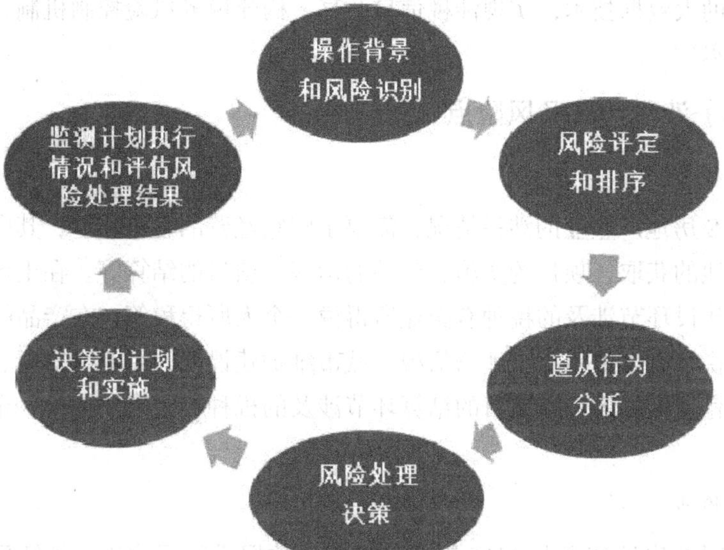

图 6-7　遵从风险管理流程

纳税遵从是指纳税人按照税法及法律法规相关要求，主动履行相关纳税义务的行为。其包括及时申报、准确申报和按时缴款等要求，纳税人违反了任一方面的要求，都可认为是税收不遵从。纳税遵从度指的是纳税人在纳税过程中的遵从程度，纳税遵从度与税收风险呈负相关关系，即纳税遵从度越低，税收风险越高，税务部门的税收征管成本就越大，给国家带来的税收收入流失风险的可能性也越大。因此，如果税务机关对纳税遵从风险能够进行有效的管理，不仅能够提高税务部门的风险管理水平，依法收取更多的税收收入，为国家部门的有效运转筹集大量的资金，促进社会主义经济的良性发展，还能够改变纳税人之间税负不公平的现状，消除部分纳税人因纳税不遵从而获利的现象，打造公平透明的税收环境，促进税收法治建设向更深层发展。

二、S 房地产企业税务风险分析

（一）S 房地产企业概况

S 房地产企业成立于 1992 年，是一家综合性房地产开发企业，房地产主业占比始终保持在 95% 以上。S 房地产企业最初的布局是大城市发展，最近几年开始采取中小城市发展的策略。选择 S 房地产企业作为研究对象的主要原因是，S 房地产企业发展范围不仅局限于大城市，也遍及中小城市，这种房地产企业更需要借助大数据技术，实现涉税信息共享，构建税务风险控制机制，降低税务风险成本。

（二）涉税情况及风险点

1. 涉税概况

了解 S 房地产企业的涉税情况，需要了解它经营的各个环节，其中涉税的环节有土地的获取、项目的实施、产品的销售、项目的结算等。在土地的获取和项目的建设环节涉及的税种有企业所得税、个人所得税等；在产品的销售环节涉及的税种有增值税、土地增值税、城市维护建设税、企业所得税、个人所得税、教育费附加等；在项目的结算环节涉及的税种有土地增值税、企业所得税等。

2. 风险点

本节对 S 房地产企业 2016 年的涉税基础数据进行了收集，了解到 S 房地产企业主要税种集中在增值税（营业税）、企业所得税、土地增值税。根据 2017 年统计年鉴，全国财政收入中增值税统计口径是增值税和营业税的合计数，2016 年 5 月 1 日“营改增”政策开始后，为保持数据的一致性，本节研究的增值税数据口径即增值税和营业税的合计数。增值税是以销售收入为计税依据；土地增值税实行四级超额累进税率；企业所得税以应纳税所得税为计税依据。2016 年 S 房地产企业增值税、土地增值税、企业所得税等占总税收比重的情况如图 6-8 所示。

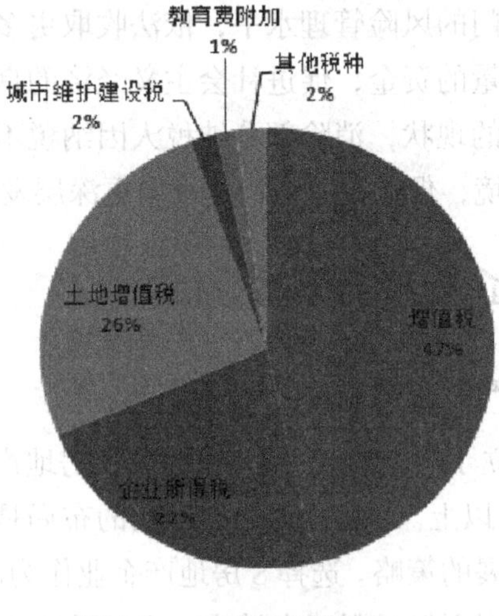

图 6-8　主要税种明细图

从主要税种明细图可以看出，增值税、企业所得税、土地增值税占总税收的比重比较大，企业税务风险点主要集中在这三大税种上。通过 S 房地产企业 2016 年增值税税负、企业所得税税负、土地增值税税负分别与 2015 年增值税税负、企业所得税税负、土地增值税税负的比较，根据三个税种的税负差异率评估税务风险。

（1）增值税分析

增值税占比大，涉税风险就大，采取合理有效的预警机制降低税务风险可以先分析增值税税负。企业增值税税负率是指增值税与主营业务收入的比值，2016 年增值税税负率为 8.48‰。依据相关税法规定，选择增值税税负差异率 =（企业增值税税负率 - 行业上一年增值税税负率）/ 行业上一年增值税税负率 * 100% 判断评估企业增值税税负风险。根据 2016 年中国税务年鉴和房地产统计年鉴数据，2015 年房地产行业增值税税负率为 6.66%，增值税税负差异率大于零，这意味着 S 房地产企业增值税税负率高于房地产行业增值税税负率，S 房地产企业没有准确理解、把握运用税收政策或是没有进行合理的纳税筹划而承担较大的税收风险。

（2）企业所得税分析

企业所得税税负率是指企业所得税与利润总额的比值，2016 年企业所得税税负率为 26.76‰。根据企业所得税税负差异率 =（企业所得税税负率 - 行业上一年企业所得税税负率）/ 行业上一年企业所得税税负率 *100% 判断评估企业所得税税负风险。根据 2016 年中国税务年鉴和房地产统计年鉴数据，2015 年房地产行业所得税税负率为 44.32%，企业所得税税负差异率小于零，这代表企业所得税税负率低于行业所得税税负率，引起税务风险的原因可能是违反了相关规定而受到处罚。

（3）土地增值税分析

S 房地产土地增值税税负率是指土地增值税与利润总额的比值，2016 年土地增值税税负率为 31.27‰。根据土地增值税税负差异率 =（土地增值税税负率 - 行业上一年土地增值税税负率）/ 行业上一年土地增值税税负率 *100% 判断评估企业土地增值税税负风险。根据 2016 年中国税务年鉴和房地产统计年鉴数据，2015 年房地产行业土地增值税税负率为 46.98%，土地增值税税负差异率小于零，这代表企业增值税税负率小于行业增值税税负率，引起税务风险的原因可能是违反税收法律法规或是采取了不合理的税收筹划而受到处罚。

（三）大数据下的税务风险控制机制面临的机遇与挑战

房地产行业中地产开发、经营管理等是它的主要业务，这些业务在经营过程中具有长期性、投资性、高价值等特点。利用大数据技术分析房地产企业税务风险，能够高效率地提高数据整合能力和分析能力，较准确地对税务风险影响程度进行评估。建立税务风险控制机制，将各个系统的数据联合在一起，实现涉税信息的共享，可以大大提高数据处理速度。因此，基于大数据进行税务风险控制是时代机遇，但也因为房地产行业经营复杂，行业数据较分散孤立，进行税务风险控制同样也会面临挑战。

1. 大数据下的税务风险控制机制面临的机遇

税务风险是风险管理的重要内容，涉及企业经营活动的各个环节，构建基于大数据的税务风险控制机制，可以帮助企业及时、准确地发现税务风险，降低企业税务风险成本。在大数据时代，通过大数据技术收集数据，对数据进行转换和处理，实现数据共享。在收集信息的过程中，需要了解企业的内部情况和外部情况，如了解企业的经营状况、了解外部税收优惠政策等。因此，有效的税务风险控制能够让税收为企业服务，从而实现企业价值最大化。

2. 大数据下的税务风险控制机制面临的挑战

（1）房地产行业经营的复杂性

根据房地产行业特点，可知 S 房地产企业生产周期长，经营业务复杂。企业项目从施工到房产出售、入住、项目清算，需要几年时间才能完成整个流程，企业不能对所有项目实施监控。企业经营业务复杂，各个环节可能涉及不同的税种，需要缴纳的税种多，税负比较重，无形中增加了税务风险。另外，因为 S 房地产企业在确认收入、核算成本时存在时间差，未及时缴纳税款等，都增加了税务管理的难度，企业难以对所有税种进行风险控制。

（2）房地产行业数据的分散性

现阶段，S 房地产企业各个信息系统基本上相互独立，没有实现实时共享，而主要的涉税信息都是主动获取、报送数据或是使用第三方数据，因为数据来源的系统不一样，存在数据的重合性，这就造成数据的过量和资源的浪费。并且因为各个系统数据相对独立，全面获取涉税数据难度系数较大，人工整合涉税数据效率不高，导致税务风险分析过程中数据不全，分析结果不准确。

三、基于大数据的 S 房地产企业税务风险控制机制设计

在大数据新形势下，企业为提高税务风险控制水平，需要充分利用大数据技术，分析数据间的相关性，对税务风险做出相对准确的评估并进行控制。对 S 房地产企业来说，通过大数据实现税务风险控制，借助数据平台，对涉税的

相关数据进行归集，结合外部税收法律法规的变化等相关内容，综合筛查控制指标，完成企业税务风险的控制工作是至关重要的。

（一）税务风险控制机制内涵

税务风险控制机制就是指通过检查税务风险，发现税务风险的早期预警信号，运用定性和定量相结合的方法，识别税务风险的大小和原因，并采取对应的措施及时防范、控制税务风险。税务风险控制机制的建立，在 S 房地产企业的经营活动中起到了防护的作用，如税务风险就像木马病毒，而控制机制就像防火墙。税务风险控制机制的建立可以分为三个部分：一是对房地产企业税务风险进行识别和判断，了解影响税务风险的相关因素；二是对房地产企业税务风险的评估，根据税务风险相关因素对税务风险的影响程度进行评估，确定风险级别；三是制定税务风险应对策略，根据风险评估的结果，有针对性地制定风险策略应对税务风险。

税务风险是可以控制的。结合数据平台，科学合理地设计税务风险控制机制，大数据下的税务风险控制流程大致可以分为五个方面：一是准备服务器和网络；二是运用大数据技术，同步复制数据到数据中心；三是进行数据预处理和数据整合利用；四是从多维度对税务风险进行控制；五是税务风险监控中心要做好税务风险控制的实时监控，具体如图 6-9 所示。

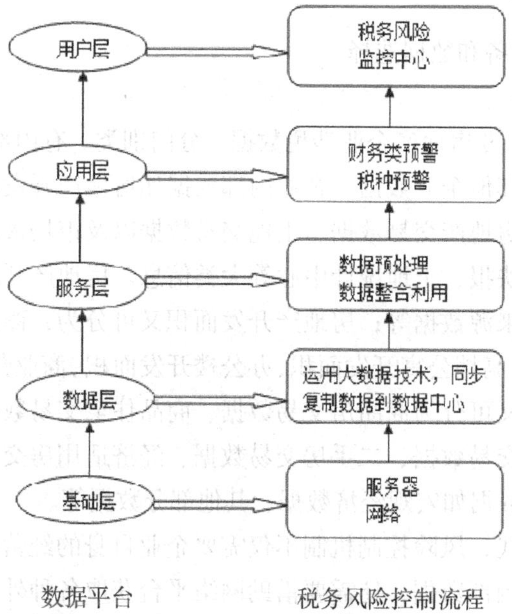

图 6-9　基于大数据的税务风险控制框架图

（二）税务风险控制机制设计目标及原则

1. 设计目标

对企业税务风险进行控制，可以降低企业的税务风险成本，实现企业价值最大化。在面临经济下行压力，追求企业价值的过程中，充分利用大数据技术，深度挖掘涉税数据，建立科学合理的控制机制。

2. 设计原则

在构建预警机制时，不仅需要考虑房地产企业的内部需要，还要考虑外部环境。①符合税收法律法规的规定。②结合房地产企业需求，选择控制指标和参数值。③有完善的内部控制制度，落实各项税收控制决策。④敏感性。选择的控制指标需要较为显著地反映企业潜在的税务风险。

（三）税务风险控制机制的设计

1. 数据采集

在大数据时代，涉税数据来源，不仅包括企业的涉税基础数据，还包括通过互联网和云计算获取的相关涉税信息。依靠大数据挖掘和分析技术，结合经营数据、财务数据、涉税基础数据，构建税务风险控制平台，建立税务风险控制机制。利用大数据技术全面收集涉税数据，系统梳理，对数据进行归集、转换和处理。

（1）数据准备和数据选择

1）数据准备

大数据时代，S 房地产企业涉税数据，分门别类。有内部数据和外部数据，有同行业数据、其他企业数据。企业内部数据如房地产开发面积数据、房地产开发投资数据、房地产交易数据、土地交易数据以及市场最新概况、市场最新排行、城市交易快报、土地统计中心等大类信息。房地产开发投资的数据又有工程数据、资金来源数据等；房地产开发面积又可分为：商品房开发面积、商品住宅开发面积、高档公寓开发面积、办公楼开发面积、商业营业房开发面积等；房地产交易数据又可分为商品房交易数据、商品住宅交易数据、办公楼交易数据、商业营用房交易数据、二手房交易数据、经济适用房交易数据、存量房交易数据等。外部数据如宏观经济数据、其他部分数据等。

在大数据时代，风险控制机制不仅需要企业自身的经营数据、财务数据、涉税基础数据等内部数据，还需要借助网络平台获取各种外部数据。本节研究税务风险控制机制，将企业经营数据、财务数据、涉税数据、行业数据等相关信息汇集到一起建立数据中心，运用大数据技术处理数据。从内外部角度考虑收集数据，企业内部数据主要有经营数据、财务数据和涉税基础数据等，外部数据有宏观经济数据、行业及同类企业相关数据等。具体的企业内部数据如企业各项目数据（立项情况数据、开发进度数据、竣工决算数据）、产品销售数据（合同、台账、结算等数据）、企业财务报表数据（月报、季报、年报等数据）、纳税基础数据（纳税申报数据、缴税数据等）等。具体的外部数据如宏观经济数据（包括财政收入、税收收入、工资报酬等）数据；行业数据和其他同类企业数据等。

2）数据选择

借助百度等进行网络广泛采集，运用大数据爬虫技术进行涉税相关信息查询。企业税务风险受外部和内部影响，外部税务风险具有不可控性，而内部控制风险与内部管理活动相关，可加强内部控制管理降低内部风险。本节仅对内部税务风险进行量化分析，通过筛选内部数据建立税务风险控制机制。

（2）数据的转换与处理

数据来源包括 S 房地产企业财务数据库、纳税申报数据库、网络数据和其他相关部门数据等。在大数据时代，有时采集的数据不一定完整，而无法直接进行数据挖掘，为了提高数据挖掘质量，需要对大数据进行预处理，大数据预处理包括数据集成、数据转换、数据清理等，其中数据集成是指将采集的数据搭建成数据中心，进行归一和存储；数据转换是指将采集的原始数据转换成统一口径的数据表达，以方便大数据的使用；数据清理是指清理异常数据和重复数据，提高数据质量。通过挖掘各类数据的关联性，并多维分析数据，判断风险类别和大小并进行预警。

2. 税务风险控制指标的选取

根据研究内容，结合 S 房地产企业经营业务特点，选取税务风险控制指标。根据选取的涉税主要指标元（指标要素）、指标，把指标量化带入风险控制模型将风险数据化，以此判断税务风险的程度和风险点，从而做出应对措施。本节从财务分析类和税种分析类两个角度分析税务风险控制，根据房地产企业主要业务选择财务分析类指标和税种分析类指标。

明确各种控制指标，才能构建房地产企业税务控制机制。房地产企业面临的税务风险从外部角度看包括市场风险和政策风险，从内部角度看包括会计核算风险、交易及行为风险。外部税务风险难以通过房地产企业经营情况直接反映出来，从一定角度来说，外部税务风险的存在会影响到房地产企业内部税务风险，而内部税务风险可以通过经营数据、财务数据等反映出来，所以建立控制机制，必须详细分析各项指标数据，及时发现可能存在的税务风险。本节从财务分析类指标和税种分析类指标两个方面选取风险控制指标。

（1）资产管理类指标

销售资产率是平均资产总额与主营业务收入的比值，根据销售资产率判断销售资产与盈利能力的关系，判断销售资产与盈利水平是否同向。如果反向变动，则存在少计收入的可能，存在少缴税的可能，导致企业税务风险的增加。

成本存货率是平均存货与主营业务成本的比值，成本存货率反映销售与存货的情况，如果存货减少而销售涨幅较小，则存在少缴所得税、增值税的风险。

应收账款变动率是期末应收账款减去期初应收账款之差与期初应收账款的比值，根据应收账款变动率可以分析产品的销售情况，可能存在少缴企业所得税和增值税的风险。

应付账款变动率是期末应付账款减去期初应付账款之差与期初账款的比值，根据应付账款变动率可以分析房地产企业物资采购情况。如果应付账款变动率过大，则可能存在虚增成本，导致少缴增值税和所得税的税务风险。

预收账款变动率是期末预收账款减去期初预收账款之差与期初账款的比值，根据预收账款变动率可以判断预收账款的波动，分析预收账款是否异常。若预收账款变动率越大，则税务风险越大。如果预收账款变动率过大，则存在销售收入未入账，导致少缴增值税和所得税的风险。

其他应付款变动率是期末其他应付款减去期初其他应付款之差与期初其他应付款的比值，可以判断其他应付款的波动，分析其他应付款变动是否异常。

（2）盈利能力类指标

企业的盈利能力指标可以反映企业的盈利能力，如果利润偏低，则可能是少列收入或多列成本等问题，所以选择税务风险控制指标时需要考虑盈利能力指标。

总资产收益率是净利润与平均资产总额的比值，如果总资产收益率明显偏低，则企业可能存在少计收入、多计费用等问题，将导致企业所得税风险净资产收益率是净利润与平均净资产的比值，反映出收入、成本、费用等可能存在的问题，从而引起税务风险。

销售净利润是净利润与主营业务收入的比值，如果销售净利润变动异常，则可能存在所得税税务风险。

主营业务收入变动率是本期主营业务收入减去基期主营业务收入之差与基期主营业务收入的比值；主营业务利润率是主营业务收入减去主营业务成本和

营业税金及附加之差与主营业务收入的比值；主营业务利润变动率是本期主营业务利润减去基期主营业务利润之差与基期主营业务利润的比值。如果主营业务利润率过高，则存在多计收入、少计成本的问题，将导致企业所得税、增值税的税务风险。

（3）生产销售类指标

营业税金负担率是营业税金及附加与主营业务收入的比值，如果营业税金负担率过低，则存在少缴营业税金的税收风险。

营业成本率是主营业务成本与主营业务收入的比值，一般情况下，企业收入与成本存在相关性，如果成本率涨幅较大，则可能存在少计收入、多计成本等问题，导致增值税和企业所得税的税务风险。

主营业务成本变动率是本期主营业务成本减去基期主营业务成本之差与基期主营业务成本的比值。如果这个指标与主营业务收入变动率不同向变动，则可能存在少计收入、多列成本等问题，导致增值税、企业所得税等税务风险。

期间费用率是期间费用与主营业务收入的比值，如果企业期间费用率变动异常，则存在收入少计、费用多列等问题，导致企业所得税税务风险。

期间费用是指销售费用、管理费用、财务费用，为更准确地对期间费用率指标进行预警，进一步选择销售费用变动率（指标关系分析中用 x 代表）、管理费用变动率（指标分析中用 g 代表）、财务费用变动率（指标关系分析中用 c 代表）进行分析，x 是本期销售费用减去基期销售費用之差与基期销售费用的比值，g 是本期管理费用减去基期管理费用之差与基期销售费用的比值，c 是本期财务费用减去基期财务费用之差与基期财务费用的比值。这三个指标应在正常范围内变动，若存在异常，则存在虚增销售费用、管理费用、财务费用等问题，导致企业所得税税务风险。

营业外支出成本率是营业外支出与主营业务成本的比值，如果营业外支出过高，则可能存在企业所得税和增值税的税务风险。

（4）偿债能力指标

应纳税额属于企业的债务之一，通过偿债能力分析，可以判断企业是否有能力偿还债务，如果偿债能力低，企业存在不能按期缴纳税款的行为，导致税务风险。

流动资产负债比率是流动资产与流动负债的比值，速动资产比率是流动资产减去存货之差与流动负债的比值。资产负债率是总负债与总资产的比值，资产负债率与企业经营状况相关，能够反映企业的偿债能力，一般保持在0.5以下，但房地产企业预收账款多，资产负债率偏高，通过资产负债率可以看出企业的偿债能力，判断其是否有能力缴纳税款；可能还存在少计收入（将各类收入计入债务）等问题，导致少缴增值税和企业所得税的风险。

（5）税种分析类指标

根据房地产企业的主要业务，选择主要要素和指标进行研究，其中房地产企业业务涉及的主要税种有增值税、企业所得税、土地增值税。

增值税税负率是增值税税额与主营业务收入的比值，分析增值税占主营业务收入的比例，参照行业增值税税负率，判断增值税税负率是否偏低，若偏低则关注进项税抵扣发票的真实性。增值税变动率是本期增值税减去基期增值税之差与基期增值税的比值、增值税税负变动率是本期增值税税负变动率减去基期增值税税负变动率之差与基期增值税税负率的比值，判断增值税变动率、增值税税负变动率是否正常及其与主营业务收入变动率是否同步，如果不同步，则存在增值税税务风险。

企业所得税税负率是所得税费用与利润总额的比值，参照行业企业所得税税负率，判断企业所得税税负率是否偏低。企业所得税变动率是本期企业所得税费用减去基期企业所得税费用之差与基期企业所得税费用的比值；企业所得税税负变动率是本期企业所得税税负率减去基期企业所得税税负率之差与基期所得税税负率的比值。企业所得税税负变动率与主营业务收入变动率若不同步，则可能存在少计收入、虚增成本等税务风险。

土地增值税税负率是土地增值税与利润总额的比值，土地增值税税负率与当地同类开发产品的预缴率对比，如果两者不一致，则存在税务风险，土地增值税税负率越小，税务风险越大。土地增值税变动率是本期土地增值税减去基期土地增值税之差与基期土地增值税的比值、土地增值税税负变动率是本期土地增值税税负率减去基期土地增值税税负率之差与基期土地增值税税负率的比值。

个人所得税税负率是个人所得税与工资总额的比值，个人所得税税负变动率是本期个人所得税税负率减去基期个人所得税税负率之差与基期个人所得税税负率的比值。个人所得税税负率能够判断个人所得税是否正常申报。

城市维护建设税税负率是城市维护建设税与计税依据的比值，城市维护建设税变动率是本期城市维护建设税减去基期城市维护建设税之差与基期城市维护建设税的比值。

其他税金负担率是其他税金与主营业务收入的比值，其他税金变动率是本期其他税金减去基期其他税金之差与基期其他税金的比值。从 2016 年 5 月 1 日开始，企业房产税、土地使用税、车船使用税、印花税被划分到“税金及附加”

项目，本节通过选取其他税金负担率和其他税金变动率，分析企业房产税、土地使用税、车船使用税、印花税等税种是否存在异常，从而判断导致的税务风险。税务风险控制指标（税种分析类）如表 6-1 所示。

表 6-1　税务风险控制指标（税种分析类）

1 类	2 类	3 类
房地产企业税务风险控制指标（税种分析类）	增值税	增值税税负率
		增值税税负变动率
		增值税变动率
	企业所得税	企业所得税税负率
		企业所得税变动率
		企业所得税税负变动率
房地产企业税务风险控制指标（税种分析类）	土地增值税	土地增值税税负率
		土地增值税变动率
		土地增值税税负变动率
	个人所得税	个人所得税税负率
		个人所得税税负变动率
	城市维护建设税	城市维护建设税税负率
		城市维护建设税税负变动率
	其他税金	其他税金负担率
		其他税金变动率

3. 控制模型的建立

本节通过选择 2720 个指标元、42 个指标分析税务风险与控制指标的关联程度，建立有效的税务风险控制模型。通过大数据技术对 42 个指标进行主成分分析，结果显示 42 个指标可以通过提取 10 个主要指标反映出来，对 10 个指标进行相关性分析，如表 6-2 ～表 6-4 所示。

表 6-2 自变量符号表

因变量		自变量名称	自变量符号
房地产企业税务风险控制指标（税种分析类）	资产管理类	销售资产率	X_1
		成本存款率	X_2
		应收账款变动率	X_3
		应付账款变动率	X_4
		预收账款变动率	X_5
		其他应付款变动率	X_6
	盈利能力类	总资产收益率	X_7
		净资产收益率	X_8
		销售净利率	X_9
		主营业务收入变动率	X_{10}
		主营业务利润率	X_{11}
		主营业务利润变动率	X_{12}
	生产销售类	营业税金负担率	X_{13}
		营业成本率	X_{14}
		主营业务成本变动率	X_{15}
		期间费用率	X_{16}
		销售费用变动率	X_{17}
		管理费用变动率	X_{18}
		财务费用变动率	X_{19}
		营业外支出成本率	X_{20}
	偿债能力类	流动资产负债率	X_{21}
		速动资产负债率	X_{22}
		资产负债率	X_{23}

续表

因变量		自变量名称	自变量符号
房地产企业税务风险控制指标（税种分析类）	关联财务对比类	主营业务收入变动率与主营业务利润变动率配比	X_{24}
		主营业务收入变动率与主营业务成本变动率配比	X_{25}
		主营业务收入变动率与主营业务费用变动率配比	X_{26}
		主营业务成本变动率与主营业务利润变动率配比	X_{27}
	增值税	增值税税负率	X_{28}
		增值税税负变动率	X_{29}
		增值税变动率	X_{30}
	企业所得税	企业所得税税负率	X_{31}
		企业所得税变动率	X_{32}
		企业所得税税负变动率	X_{33}
	土地增值税	土地增值税税负率	X_{34}
		土地增值税变动率	X_{35}
		土地增值税税负变动率	X_{36}
	个人所得税	个人所得税税负率	X_{37}
		个人所得税税负变动率	X_{38}
	城市维护建设税	城市维护建设税税负率	X_{39}
		城市维护建设税税负变动率	X_{40}
	其他税金	其他税金负担率	X_{41}
		其他税金变动率	X_{42}

表 6-3 主成分分析的部分结果

序号	初始值特征			提取平方和载入		
	合计	方差的 %	累积 %	合计	方差的 %	累积 %
1	10.368	24.111	24.111	10.368	24.111	24.111
2	6.169	14.346	38.457	6.169	14.346	38.457
3	5.172	12.029	50.486	5.172	12.029	50.486
4	4.461	10.374	60.895	4.461	10.374	60.895
5	3.569	8.300	69.159	3.569	8.300	69.159
6	3.205	7.455	73.613	3.205	7.455	73.613
7	2.374	5.520	82.133	2.374	5.520	82.133
8	1.921	4.468	86.602	1.921	4.468	86.602
9	1.647	3.830	90.431	1.647	3.830	90.431
10	1.435	3.336	93.768	1.435	3.336	93.768
11	0.820	1.907	95.675			
12	0.752	1.749	97.424			
13	0.412	0.959	98.382			
14	0.369	0.858	99.240			
15	0.181	0.420	99.660			

表 6-4 相关性分析

	X_7	X_9	X_{13}	X_{14}	X_{18}	X_{28}	X_{30}	X_{31}	X_{32}	X_{35}
X_7 Pearson 相关性	1									
X_9 Pearson 相关性	0.046	1								
X_{13} Pearson 相关性	0.026	0.018	1							

续表

	X_7	X_9	X_{13}	X_{14}	X_{18}	X_{28}	X_{30}	X_{31}	X_{32}	X_{35}
X_{14} Pearson 相关性	−0.022	0.011	−0.050	1						
X_{18} Pearson 相关性	−0.039	−0.028	−0.035	0.015	1					
X_{28} Pearson 相关性	0.029	0.070	0.026	−0.022	−0.020	1				
X_{30} Pearson 相关性	0.087	0.016	−0.002	−0.086	−0.019	0.016	1			
X_{31} Pearson 相关性	−0.055	0.011	0.023	0.099	−0.014	0.029	0.077	1		
X_{32} Pearson 相关性	0.059	0.036	0.020	0.004	−0.014	0.044	0.051	0.040	1	
X_{35} Pearson 相关性	−0.018	0.066	0.067	−0.034	−0.028	0.025	0.021	0.078	0.039	1

利用大数据技术，得到的风险控制模型为

$$\text{税务风险水平}=0.423X_7+0.524X_9+0.736X_{13}-0.597X_{14}-0.474X_{18}+0.704X_{28}+0.406X_{30}+0.439X_{31}+0.487X_{32}+0.501X_{35}+0.5148$$

从上述模型可以看出，通过总资产收益率、销售净利率、营业税金负担率、营业成本率、管理费用变动率、增值税税负率、增值税变动率、企业所得税税负率、企业所得税变动率、土地增值税变动率十个指标可以较明显地对税务风险进行预警。

（四）税务风险控制机制的运用

1. 税务风险控制方法

研究税务风险控制机制，选择连环替代分析法，可以将风险值分解为各个可以计量的因素（财务分析类指标和税种分析类指标），根据各个因素之间的依存关系，顺次用各因素的比较值替代基期数据，据以测定各因素对分析指标的影响。连环替代分析法可以确定经济活动分析中引起某个经济指标变动的各个因素的影响程度，这种方法具有假定性，它假定一个因素发生变动时，其他因素保持不变。本节选择连环替代分析法分析税务风险控制问题，在各类因素对税务风险产生影响的情况下，顺序把其中一个因素当作可变因素，其他因素当作不变因素，逐个进行替换计算，确定各个因素对税务风险的影响程度。运用连环替代分析法，通过测定了解各个因素对税务风险的影响程度，有利于税务风险控制判断和加强税务风险管理。

2. 税务风险控制判断

税务风险控制机制的运用，除了设计控制指标对风险进行识别外，还需要对风险点进行归集，判断风险的大小，根据判断的风险大小制定对应的风险防范措施。建立有效的税务风险控制机制，需要设定指标的控制值，控制值与涉税指标的差值是S房地产企业需要重点关注的。当控制值超过风险控制值时，企业管理层应当高度重视，做好风险防范策略，及时规避风险。

3. 税务风险控制分析

根据S房地产企业基期的涉税基础数据，计算的税务风险值为0.57966。根据控制区间值，可以判断S房地产企业基期具有高税务风险。

建立税务风险控制机制，利用连环替代分析法定量分析控制指标对税务风险水平的影响程度，以上一期指标数为基数，通过控制模型分析税务风险的类别和大小，分析影响税务风险的主要原因是什么，根据税务风险因素寻找风险应对策略，达到控制效果。从财务分析类角度考虑控制指标，主要考虑经营核算方面的税务风险，判断税务风险水平，若超出控制值，则判断企业可能存在虚增成本等问题；从税种分析类角度考虑控制指标，主要考虑企业是否充分利用税收政策，若税务风险水平超出控制值，则判断企业可能未充分理解税收政策从而导致税务风险。

从影响因素分析，成本增加会相应提高税务风险，所以需要在经营过程中加强内部控制；增值税税负变动率增加会相应增加税务风险，管理层应增强税务风险意识，准确把握税收政策，进一步做好税收筹划，降低增值税税负变动率。

从上述分析中，可以知道将大数据分析方法引入房地产企业税务风险控制机制，有利于识别税务风险，准确判断税务风险影响程度，从而及时做出应对策略，同时还可以为企业节约大量人力成本。

四、S 房地产企业税务风险控制的配套建议

实现税务风险控制，需要与税务管理的其他环节相互配合，发挥相应作用。提升风险管理意识、强化内部控制管理、加强税务信息共享、加强数据平台建设等措施，有利于税务风险控制机制的运用。

（一）提升风险管理意识

在经济迅速发展的信息时代，大数据是信息数据、信息技术和思维的高度融合，是三者的统一体。深度挖掘大数据的内在价值，需要依赖先进的数据处理技术，还需要有善于使用数据的创新性思维。由于房地产企业经营的复杂性，为适应大数据时代的变化，企业的发展对全体职工提出了更高的要求。为强化风险防范意识，着重进行税务风险管理意识的培训，提升管理层的管理理念，健全税务风险管理制度，S 房地产企业可以从以下三个方面着手。一是加强企业文化建设，塑造企业核心价值观。对 S 房地产企业来说，企业员工价值观参差不齐，加强企业文化建设，实现员工价值观的统一，可以实现员工思想的高度统一，有利于形成风险防范意识。二是可采用授课或培训的方式强化企业全体人员的风险防范意识，鼓励全员参与。三是加强管理层的风险决策意识，建立科学合理的风险决策机制并进行有效预警。

（二）强化内部控制管理

从税务风险控制机制的运用分析中可知，企业为追求利润最大化，存在虚增成本的可能，从而达到少缴税的目的。实现有效的内部控制管理，能够合规避税、降低税务风险。强化内部控制管理，可以从以下两个方面着手：一是制定完善的税务风险管理办法，根据企业日常业务和特殊业务制定管理规章、规范操作流程；二是应设立税务风险内部控制部门，强化税务风险管理，降低税务风险成本。税务风险控制部门，可以对企业的经营业务做出分析和判断，能够及时发现涉税问题，并寻找解决风险的方案。税务风险控制部门工作人员应非常熟悉税收政策，并更好地利用税收政策达到避税的效果。

（三）加强税务信息共享

从上述税务风险控制机制的运用研究中，可以看出税务风险贯穿企业经营的整个流程。加强税务信息共享，有利于更好地制定税务风险防范决策。为保障企业信息化建设，S 房地产企业应建立高效的、完善的信息共享制度。

一是加大内部信息共享，动态了解企业，便于及时监控税务风险。加强涉税信息在管理层与业务层的共享，加强涉税信息在财务、销售、风险管理等部

门之间的共享，各业务部门之间形成有效的数据流动，改善S房地产企业内部信息闭塞的状态，以利于更好地了解企业经营流程，实现公司各部门、管理层与业务层等在涉税业务环节的互动，有效识别和防范税务风险。实现管理层与一般人员的信息共享，有利于管理层更好地掌握企业的实际情况，做出更好的决策。

二是加大外部信息共享，在大数据时代，S房地产企业应充分利用互联网思维，并将这种思维应用到涉及税务工作的各个环节。通过网络数据实时了解同行业、同类企业的发展情况，对比本企业的发展情况，对税务风险及时进行预警，并建立有效的风险防范体系。

（四）加强数据平台建设

大数据思维模式下的税务风险控制管理中，数据分析过程至少有70%的时间用在数据收集和准备工作上，发票管理、纳税申报、税款缴纳等一系列过程都是税务数据采集的过程，数据容量大且数据杂乱，通过完善数据平台可从数据中发现规律，过滤无效数据。因此S房地产企业完善涉税信息数据平台建设，可以降低税务风险管理成本。

加强税务风险控制数据中心建设，利用大数据和计算机技术，全面融合S房地产企业、房地产行业信息及外部税收法律法规等，建立完备的企业税务风险控制基础信息数据中心。

完善S房地产企业税务风险控制系统的研究开发，使得税务风险控制模块功能更健全。建立风险识别、风险排序和任务推送功能，及时完成税务风险信息的更新；建立完善的数据分析功能，及时对内在信息进行深度挖掘，寻找数据间的关联性，发现涉税问题，做出预警，对S房地产企业税收风险实施全过程的监控，及时对指标进行维护，注意控制值的变化。

第五节　基于大数据的H银行哈分行中小企业贷款风险控制

一、大数据背景下H银行中小企业贷款风险控制现状

（一）H银行哈分行情况简介

H银行是20世纪90年代末期成立的一家城市商业银行，由多家信用合作社合并而成，现在已经发展为拥有16家分行的商业银行。2014年3月31日港

股上市成功，成为其地区内第一家上市成功的城市商业银行。截至 2016 年年末，资产总额达到了 5400 余亿元，发放的贷款总额达到 2000 亿元，对私对公存款合计 3500 亿元以上，净利润达到 200 亿元。H 银行在多年的快速发展中逐渐形成了自己的品牌，其小微企业贷款、“三农”贷款等特色业务为企业带来利润的同时也扶持了地方经济。中小企业贷款业务作为 H 银行的特色业务、品牌业务一直以来都受到人们的格外关注，为缓解中小企业融资困难、应对不断变化的国内外经济形势，H 银行也不断地对该项业务进行创新，研发了如“房贷宝”“税贷宝”等多款担保方式灵活、办理速度快捷、深受企业欢迎的明星产品，在为该银行创造利润的同时也为地方经济建设做出了贡献。截至 2016 年年末，中小企业贷款各项产品发放累计额度 600 余亿元，占 H 银行全部贷款余额的 30% 以上。

哈分行作为 H 银行的根据地和大本营自然在 H 银行的整体经营业务中起着至关重要的作用，其各项业务指标都遥遥领先于其他分行，各项新产品、新业务的研发都要在哈分行先行上线再推广至其他分行，无论是资产总额还是贷款余额都占据了整个 H 银行的半壁江山，哈分行在哈尔滨地区的各个行政区都有一家以上支行，所有县域也都有 H 银行的支行开立，营业网点近百个，做到了哈尔滨地区的全面覆盖，目前该银行是哈尔滨地区营业网点最多的商业银行。

近年来随着普惠金融、和谐共富的经营理念不断深化，哈分行的各项业务发展速度实现较快增长，在其业务发展区域范围内，相比其他银行其有较大的优势，其存款量、存款户数、贷款量、贷款户数，以及信用卡、POS 机等中间业务在哈尔滨地区的各家银行中都名列前茅。随着近年来很多其他地区的城市商业银行在哈尔滨地区的涌现，哈尔滨分行的各项业务也面临着不小的压力，因此 H 银行更需要立足本土，做好区域内的中小企业贷款，从而不断提升该行的竞争力。截至 2016 年年末，哈分行中小企业贷款累计发放 302 亿元，约占 H 银行中小企业贷款整体余额的一半。伴随新经济形势的不断发展，经营稳定、具有一定创新能力的中小企业将是国家政策支持的主要群体，哈分行作为城市商业银行的核心分行，支持和带动地方经济是其必须肩负起的责任，继续坚持发展中小企业信贷业务，对现有业务进行优化和创新成为哈分行经营管理层的共识，在 H 银行的发展规划中，将继续大力支持中小企业贷款的发放。

（二）H 银行哈分行中小企业信贷风险控制现状

1. H 银行哈分行中小企业信贷业务与风险控制

哈分行作为 H 银行中小企业信贷业务的领头羊分行，在哈尔滨地区有着广泛的中小企业客户群体，同时也有着不错的业务口碑。从表 6-5 可以看出，为了响应国家振兴东北老工业基地的号召，H 银行哈分行作为哈尔滨地区最优秀的城市商业银行，在地方政府有利政策的支持下，积极地开拓中小企业信贷市场，发挥自身信贷模式灵活多变的优势，对缓解地方中小企业融资困难起到了一定的作用。该行中小企业信贷投放量呈逐年递增趋势，在全行各类贷款投放量的占比也逐年增加，哈尔滨地区的中小企业作风踏实，有着自己的经营特色，是适合哈分行深度挖掘的客户群体。

表 6-5　2012—2016 年哈分行中小企业贷款情况（一）

指标　　时间	2012 年	2013年	2014年	2015年	2016年
中小企业贷款余额/元	215 亿	221 亿	243 亿	285 亿	302 亿
中小企业贷款占比	26.5%	26.7%	28.3%	29.1%	31.2%

2. H 银行哈分行中小企业信贷风险现状

伴随着经济增速的放缓，以及我国经济的宏观调控——调结构、降产能、去库存系列举措的逐步实施，哈尔滨地区从事传统产业的中小企业面临着比较大的压力，经营理念落后、高耗能、高排放、过于依赖上下游支持等问题不断凸显，中小企业的还款压力与过去几年相比有明显增长。哈分行风险控制部门及授信部门的数据显示，自 2012 年以来哈分行不良贷款余额及不良率都有所上升。在经济高速发展时期，银行往往会对贷款风险的把控有所放松，追求投放量和利润额，近几年 H 银行不良贷款率的升高敲响了严把风险控制关的警钟。如表 6-6 所示，从 2014 年开始不良贷款率呈增长趋势，为了避免不良贷款率继续增长，H 银行需要更加科学严格的风险控制策略。

表 6-6　2012—2016 年哈分行中小企业贷款情况（二）

指标　　时间	2012 年	2013 年	2014 年	2015	2016年
不良贷款余额/元	2.66 亿	2.57 亿	2.96 亿	3.7 亿	4.37 亿
不良贷款率	1.24%	1.22%	1.22%	1.3%	1.45%

3. H 银行哈分行中小企业信贷风险控制措施

国内大部分商业银行的贷款风险控制措施都大同小异，一般分为三个阶段，即贷前、贷中和贷后，每一个阶段都有着相应的操作规范，严格执行操作规范是每个信贷人员必备的工作素质。一般信贷流程如图 6-10 所示。

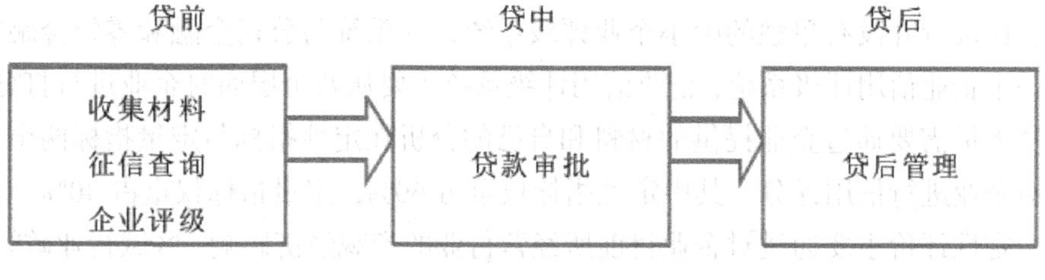

图 6-10　一般信贷流程

根据信贷流程所包含的内容，H 银行针对“贷前调查”“贷款审批”“贷后检查”三个信贷步骤相应出台了一系列制度及文件作为防范风险的措施，分别是“全面核实贷款企业信息的有效性”“征信的查询与分析”“对贷款企业实行先评级再准入”“审贷分离审批”“定期进行贷后检查”，银行的各个分支机构都需要采取这几种措施控制贷款风险。

（1）全面核实贷款企业信息

中小企业贷款所涉及的信息主要为企业经营信息及企业法人信息、实际控制人信息、主要股东个人信息。按照 H 银行相关文件制度要求，H 银行信贷人员必须认真确认客户提供的相关信息有效性。办理中小企业贷款的第一步就是搜集贷款材料，这些材料是一笔贷款的根本，所有的推理分析都基于这些贷款材料，H 银行信贷人员需要根据自身经验和相关财务知识从企业所提供的材料中分析企业的生产经营情况。贷款企业所需要提供的基础材料包含：营业执照、公司章程、财务报表、上下游合同、经营场所证明、银行流水、企业重要自然人信息等，每一类材料的重点核实内容也不相同，信贷人员需要对每一样贷款材料的真实有效负责。

（2）征信的查询与分析

在贷款办理的过程中，征信的查询是非常必要的，查询出的相关征信信息对中小企业未来贷款安全性的判断具有极高的参考价值，所以 H 银行对征信的查询与分析工作十分重视。

作为城市商业银行，H 银行哈分行充分利用了征信系统的便利条件加强风险管理，每位信贷人员都有自己的征信查询操作员号，可以在客户授权后查询贷款主体的信用报告，并对信用报告的内容进行分析，一般将有连续三期逾期或者累计六次逾期的客户定为信用风险客户，会采取非常谨慎的态度进行贷款的下一步考察。

（3）对贷款企业实行先评级再准入

H银行并没有单独的中小企业评级系统，其系统与公司金融和零售金融并用一个企业信用评级系统，企业信用评级系统主要从两个层面对企业进行打分，信贷人员需要通过企业提供的材料和自己的分析在定性指标与定量指标两个方面对企业进行信用评分，其中定性指标权重占60%，定量指标权重占40%。

定性评价主要通过对企业目前所经营行业的宏观经济影响、区域行业政策、实际控制人从业年限、实际控制人信用记录、企业经营年限、上下游客户稳定性、资金周传情况、水电煤气以及税款缴费情况、销售资金回行情况、抵质押率等方面进行评价，从而得出定性结论。

定量评价的依据主要是企业所提供的财务报表，依照财务报表中体现出来的数据，从总资产、总负债、税前利润、主营业务收入、流动资产合计、流动负债合计、资产负债率、资产利润率、流动比、速动比、税前利润率，以及其他应收款、应收账款、存货、资产周转率等，计算定量分数。

总分由定性、定量分数计算后构成，依据总分对企业进行评级，得出具体评级结果后再依照准入评分标准判定企业的准入与否。

（4）审贷分离审批

H银行严格执行审贷分离制度，为保证审批的独立性专门建设了独立审批人团队，各支行先在支行范围内进行审贷小组审贷会，审贷会通过该笔贷款后信贷人员通过信贷系统将完整的贷款内容提交至独立审批人团队，随机分发给独立审批人，根据审批人经验和经历将其分为高级、中级和初级审批人。根据贷款额度、复杂程度、风险性等因素将贷款分配给不同级别的审批人。为了防止外界的干扰，影响审批人的独立性，审批人只在信贷系统上进行贷款审批，与信贷人员通过电子留言进行交流，避免面对面对话影响审批人的客观性。独立审批人审批完成之后将该笔贷款报送到分行审贷委员会上会，期间视情况不同来决定是否需要主办信贷人员列席，上会结果分为通过、不通过和再议，哈分行审贷委员会审批通过的贷款才可以进行发放，审批部门与业务部门相互监督、逐级对贷款进行审查，尽可能地保证每一笔贷款审批的客观性和严谨性。

（5）定期进行贷后检查

首先H银行会在放款后的第一时间检查贷款企业资金的实际使用情况，贷款用途是否真实十分重要，H 银行信贷人员会采取索要收据或者发票的形式来判定贷款的资金流向，确保贷款资金用到正规途径。

其次要关注企业的经营状况，H 银行要求信贷人员根据贷款期限、风险性、担保方式的不同制订相应的贷后调查计划，力求全方位地掌握企业贷后的经营情况、负债情况等，定期实地进行考察，并索要相应财务数据，如财务报表与银行流水结合来判断企业经营情况。同时也应关注企业所在行业的变化，企业重要自然人的家庭稳定情况等。

同时需要在贷后工作中关注担保方式的变化情况，如房产抵押需要关注其价值以及状态的变化，并采取每年进行一次抵押无重新估值的方法来判定抵押物的价值没有大程度的缩减。定期对担保人或担保企业的经营情况进行考察，及时发现因担保人或担保企业的担保能力的减弱而带来的风险。总之，贷后管理中对贷款担保方面的考察目的就是尽量第一时间发现特殊的担保情况，从而尽快地研究出应对方法，保证贷款的安全性最大化。

4. 哈分行内部数据情况分析

H 银行是非常典型的城市商业银行，哈分行作为第一家分行受到了地区政府政策上的很多倾斜，同时也为地区经济发展做出了一定贡献。因此当地政府支持 H 银行在哈尔滨地区开展多种业务，并对城市商业在多方面的政策上予以辅助。据统计哈分行各类业务的开展现在已经占据了该地区一定量的市场份额，达到了全行业的 12%，这是一个相对较高的数字。通过近些年来的稳定经营，哈分行快速成长，其各类银行业务指标都名列哈尔滨地区前茅，正因为如此，如果哈分行在业务优势的基础上整合各条线各类型的业务数据，将会使 H 银行数据库的数据资源十分丰富。

二、H 银行哈分行中小企业信贷风险防控存在的问题及其成因

（一）H 银行哈分行中小企业信贷风险防控中存在的问题

面对中小企业贷款这种风险系数相对较高的贷款，H 银行制定了一系列的规章制度及操作流程来降低贷款风险，这些制度及流程固然能在一定程度上有效地防范贷款风险的发生，但是通过大数据风险控制战略的实施提升贷款的质量是必然趋势，其战略在很大程度上可以改善 H 银行哈分行由于信息数据掌握和利用的不充分所造成风险审核缺失，目前 H 银行所采用的风险控制措施已经

在该行应用多年，其应对现今的经济形势以及日新月异的信息数据发展形势已经显得捉襟见肘，现从贷前、贷中以及贷后按照一笔中小企业贷款办理步骤的先后顺序剖析大数据背景下 H 银行现行中小企业贷款风险防控手段中的不足。

1. 企业信息缺乏多方面数据验证

哈尔滨地区的一部分中小企业经营管理不规范，信息披露较少，这类企业日常经营的不确定性较大，其所提供的贷款材料核实起来也比较困难，现阶段 H 银行核实企业所提供材料真实性的主要手段还是依靠一线信贷人员的经验进行，核实材料真实性的工作需要耗费很大的精力，而且这种方式过于依赖相关信贷人员的个人信贷经验，如果相关人员由于一时疏忽未能发现和辨别出贷款材料中所隐藏的风险，那么在这笔贷款的第一道关口就会产生很大的安全隐患，之后通过各种手段对企业进行再细致的考察也就没有意义了，假如某些借款企业或实际控制人刻意隐瞒或伪造变造贷款材料，使贷款材料在外观上让信贷经理难分真假，所带来的风险就更不可避免了，更有极个别现象，某些个人道德素质不过关的信贷经理与借款企业串通一气来伪造变造贷款材料，骗取贷款就更加危险了。

在现今金融系统普遍开始运用大数据建立更精细化的信贷风险控制体系的大环境下，所涉及的材料造假风险都可以通过 H 银行内外部的数据归集进行发掘，然而 H 银行仍以信贷人员的经验来判断企业所提供的信息真伪，这样的防范方法在当前的时代下未免显得太过粗糙和不规范，在核实企业信息真实性方面，防范风险的措施过于单一，很容易给一笔贷款在贷款办理的起始阶段就留下极大隐患。

2. 过度依赖人行征信数据

H 银行在贷前操作时对贷款企业以及贷款企业的实际控制人等必须进行征信的查询，并通过对人行征信结果分析借款企业以及借款企业实际控制人的历史信用状况，从而得到对企业整体信用状况的综合评价，这个评价是能否准入的门槛条件，如果征信记录不够良好，那么就很难将一笔贷款做成。

大数据、互联网技术的迅速发展，使归纳和分析海量的个人消费、经营出行、民间借贷等信息成为可能，这种技术为全民大数据征信体系的建设提供了基础。大数据征信体系的数据来源主要通过个人在互联网活动的相关数据获得，将这些海量数据进行筛选和提炼，整理出对于判断客户情况具有重要价值的数据，通过这些有价值的数据形成客户互联网信用图谱。这些信用图谱是判断客户信用等级的重要参照。

在相关征信信息的收集方面，H 银行的信息来源较少，主要依靠人民银行的征信系统获取客户的征信数据，而人民银行的征信系统虽然有着最权威的国内征信数据但是也有其局限性，该征信系统只能显示客户在正规金融机构的借贷行为，对于民间借贷、金融租赁以及其他客户生活中的守信习惯等无法获取，大数据技术的不断发展和普及，使征信机构能够获取更加全面的数据信息、更加细致的数据结果以及更为具体的信用结论。大数据征信所提取的数据多数来源于互联网上能够体现的信息，几乎包含了个人在互联网上的一些行为信息，而与个人经济有关的信息更是重中之重。通过这些数据可以对客户的日常行为习惯有一个整体性的客观评价，通过评价对客户的信用风险情况做出结论。大数据征信能够通过客户的网上活动信息对其信用情况给出一个初步结论，这使得大数据征信技术成为诸多金融机构的关注对象。传统的信用评估是主要针对借款人在正规金融机构的经济活动的守信情况给出其信用水平的相应评价，主要分析的是借款人的历史信用情况，可以说是过去式。相比之下，大数据征信是对借款主体的互联网上的行为进行实时提取，所有的数据都是新鲜的数据，类似于现在时，是对传统征信模式的较好补充。

近年来，随着人们对互联网依赖程度的不断加深，以及电子信息技术的飞速发展，人们的日常活动越来越离不开计算机、手机等信息工具，据统计目前我国网络普及率已经达到了 90%，因此依赖于互联网的大数据征信体系的覆盖面要远远大于传统信用体系的覆盖面。大数据征信能够大大降低传统信用体系的局限性，对于构建完善的社会信用体系有着很大的借鉴作用。

综合以上分析，H 银行现有的征信查询手段仍然采用主要参照人行征信结果的方法作为最主要依据来进行查询，未能在互联网大数据的背景下通过内外部征信数据的结合处理将相关征信查询结果立体化、精细化，从而导致错过了一些本可以办理的优质业务同时也导致了一些不良贷款的产生。

3. 借款企业评级结果不够准确

在大数据背景下，H 银行的企业评级体系分析处理数据的能力已经无法跟上时代的要求，该体系没有将各方面的动态数据汇集起来而动态、灵活地应用到评级系统中去，使得其在准确性和严谨性上离现在行业内较先进的评级体系存在较大差距，主要有以下四个方面的问题。

（1）评级体系差异化不明显，指标数据更新不及时

信用风险评级体系作为中小企业信贷的重要的防控手段，H 银行在评级体系开发上的投入程度略有不足。H 银行的企业信用评级体系主要为了公司类贷

款的投放而设计，其很多指标没有根据中小企业的经营特点而进行设置，导致对中小企业的评级结果参考价值大打折扣。由于评级体系在实际操作中是通过信贷人员按照相应项目用计算机录入信贷审批系统完成的，评级体系的具体内部指标设计一线人员并不完全理解，导致信贷人员不能及时对授信审批部门提出自己在实际操作中的相应见解和建议，使有关贷款的相关信息和数据从前台到后台形成了阻塞。H银行的中小企业评级体系在这个问题上显得更加突出和明显，由于该体系评价结果的不准确导致其应用率直线下降，很多情况下信贷人员甚至通过修改经营数据等手段刻意获取积极的评级结果，导致该体系形同虚设。同时由于H银行未开辟系统设计人员与基层信贷人员的交流渠道，导致系统设计人员未能及时获得一手企业数据，导致评级体系的各项指标参数无法切合实际而设置，导致有些关键参考指标往往多年不变。在日常中小企业贷款业务的办理中，信贷人员利用该体系进行企业评级基本是流于形式，起不到防范信贷风险的实际意义。

（2）定量分析不灵活，难以及时发现风险

在H银行信用评级体系中，定量分析比重占40%，其主要依据便是企业的财务报表数据。在H银行评级体系的定量分析中，如表6-7所示都是对相对固定的几个财务指标进行考核，没有灵活地去考察各项财务指标。通过这种简单固定的指标设置和分析方法很难对借款主体的实际经营情况给出富有参考意义的结论。如果中小企业也掌握了这种评级模式的规律，故意更改企业的财务数据以获得好较好的评级结果，反而会对信贷风险防控起到负面效果，使得信贷人员和审批人员难以客观地对贷款进行分析。

表6-7　H银行评级体系中的财务指标

定量考察项	具体指标
规模指标	资产总额 所有者权益 营业收入 净利润 经营性净现金流 资本回报率
盈利能力	主营业务利润率 净资产收益率
流动性	流动比率

续表

定量考察项	具体指标
偿债能力	EBITDA 利息保障倍数 现金利息倍数 资产负债率
资本构成	总付息债务 / 资本

（3）评级时间间隔过长

根据 H 银行的相关贷款管理制度对企业评级周期的要求，无论企业规模的大小、贷款额度的多少、贷款期限的长短、担保模式的不同，统一要求一年进行一次企业信用评级工作，一年的时间企业可能发生很多情况，这种固定的评级周期对实时了解企业生产经营情况是非常不利的，无法起到及时客观地对企业信用进行评价的作用。加之 H 银行贷后跟踪往往流于形式、中小企业财务制度不规范导致的财务数据不准确等情况给 H 银行中小企业贷款的安全造成了隐患。

（4）定性指标分析不客观

企业信用评级中的定性指标主要指的是一些非财务指标。H 银行的评级体系中定性指标的好坏占了很大的比重。目前 H 银行对评级对象的非财务指标进行了多方面的考量，如表 6-8 所示，但 H 银行的企业评级准入行业分类表每半年更新下发一次，难以适应现在日新月异的行业变化情况。在 H 银行信用评级体系中虽然对定性指标进行了相应的考核，但其考核方法缺乏科学性和严谨性，主要体现在对于需要做特殊指标设置的考察部分未做分门别类的考虑，不能差异化地对借款企业的特殊情况进行特殊考量，企业情况本就多种多样，而评级内容以及指标的设计过于固定，导致企业评级防范风险的实际意义大大降低，很难通过这一环节发现企业风险。并且对于企业的非财务指标 H 银行并未制定相应的标准，基本依靠信贷人员经验进行判断和录入，这些不足导致信贷人员对该评级体系的信任度不高，其使用的真实效率也就大大降低了。

表 6-8　H 银行评级体系中的非财务指标

定性能力	具体项目
宏观环境	经济环境 物价 产业政策 法律法规

续表

定性能力	具体项目
行业运行情况	行业周期性 行业生命周期 行业竞争状况 上下游对行业的影响 借款企业在行业区域内的地位
公司评价	竞争优势 治理结构 管理情况 公司战略及发展前景 公司战略及发展前景 外部支持

大数据背景下，H银行内部评级体系中的非财务指标可以通过多种方式获得，而非仅凭信贷人员的经验录入；大数据模式的获取方式可以使H银行评级体系中的非财务指标精细化、严谨化。H银行应从各角度和各方面获取数据，使得其内部评级体系的各类指标动态化、严谨化，使其能真正地对企业综合情况进行评级，得出准确的结果来帮助信贷人员控制风险。

4. 审批过程缺乏对数据的统一梳理

（1）审批人员缺少数据辅助

在H银行哈分行中小企业贷款业务办理的流程中，审批人的风险把控至关重要，其对贷款业务的可操作性判断、对贷款企业市场的变化预期大多来自信贷经理的送报材料。审批人员没有相应的数据库提取数据对信贷人员所提供的材料进行比对，对于相应的行业信息，如市场规模、产品工艺、成本利润等基础性数据缺乏有效的机制或平台将这些有效的数据导入审批数据库，不能使审批人员将信贷经理提供的材料与数据库中的数据进行比对，通过比对发现信贷经理提供材料中的问题。

（2）风险管理机制需要理顺

H银行现行的审批办法是严格地执行审贷分离制度，这种制度固然可以提高审批人审批结果的独立性和客观性，但是也导致了H银行内部各级分支行以及各个条线之间的信息和数据难以相互流通。H银行内部各机构、各条线之间业务数据是相互分离的，借款主体初期的业务办理以及风险把控由个支行自行展开，在办理业务中所产生的第一手数据无法在各机构之间共享。在单笔业务的贷款审批中，其他机构和条线通过借款主体的一手业务数据所产生的风险信号分行审批部门是无法获得的，H 银行没有相应的数据渠道将各机构之间的贷款审批风险信号归集到审批部门，此种情况的出现导致审批人员只能通过经办行提交的数据评价一笔贷款的风险，而将其他机构和条线所产生的有价值数据白白浪费。在数据价值越来越高的今天，H 银行在将审批与大数据结合方面的研究和实践是有所欠缺的。

5. 贷后风险量化方法薄弱

目前，银行建立的贷后管理制度已经多年未进行更改，仍主要依靠信贷人员经调查后填写在行内沿用多年的“定期贷后检查表”，如表 6-9 所示对借款企业进行贷后检查。随着互联网技术的快速发展以及 H 银行信贷业务量的不断加大，原有的传统贷后考察方法难以顺应时代的潮流，从而真实有效地对企业进行贷后风险评估。

表 6-9　现行 H 银行中小企业定期贷后检查表

贷款基本情况						
借款人姓名	金额	利率	借款日	到期日	用途	担保情况
定期检查情况						
是否按用途使用资金						
借款人资产变化						
借款人生产经营						
借款人财务信息						
担保方式是否变化						

在当前的信息数据形势下该表格的设计内容是非常笼统的，各栏中需要填写的信息并没有固定的标准，信贷人员按照自己的判断简单填写即可，信贷人员无须通过认真考察就能形成一份完整的贷后调查报告，如果将每个企业的信息都详细调查后再填写报告会太耗费时间和精力，导致信贷人多以应付的心态对待，根本无法达到相应制度中所要求的贷后效果，从某种程度上说，这种贷后管理方式在当今的风险形势下显得形同虚设。

H 银行贷后管理中，耗费精力最大也是最难以获得的就是企业的真实经营情况数据，要获得准确真实的贷后管理数据在时间、精力、工作量上都是比较难以完成的，造成无法切实跟踪企业动态。传统贷后管理以信贷人员对借款企业的盈利能力等项目的笼统评估为依据，对于风险的量化考察仍是空白。

因此，通过大数据手段将原有的在贷后管理中得出的笼统经营情况变为量化的具体的风险评分是互联网时代银行贷后管理的发展方向。

大数据贷后检测体系能够通过自身的大数据平台实时调取借款企业的生产经营相关数据，用量化风险的方式设计预警系统，这样的贷后监管效果要远远强于定期的人工形式化的贷后管理，H 银行应及时弥补在这方面的欠缺，做好大数据与贷后管理的结合工作。

（二）H 银行哈分行中小企业信贷风险防控问题的成因分析

1. H 银行与借款企业的信息不对称

在当前经济形势下，企业的融资手段越来越多，但是从银行获得贷款仍是企业最倾向的融资渠道，其便捷性和相对较低的价格吸引着众多的中小企业。为了防范信贷风险，商业银行要求借款企业出具几乎一切有关于其经营情况的贷款材料，如相关证件、财务报表、银行流水、上下游合同等，面对这些借款企业所提供的庞大的信息量，H 银行通过一线信贷人员来了解这些信息，并通过信贷人员所反馈的相关信息来判断贷款的风险程度，但是信贷人员从企业提供的材料中所获取的信息是否就是企业真实的经营情况很难确定，这就在数据源头上造成了企业与银行之间的信息不对称，主要的表现形式有以下两种。

（1）经营情况信息不对称

由于大多数中小企业的守法意识不强，相关生产经营的规范性较弱，其往往会采取财务信息造假、故意瞒报等方式达到避税等目的。又会用故意增加企业流水、伪造购货合同或税票发票等方式夸大自身经营状况来获取银行的贷款。这就造成了多数中小企业有三本账簿，即应对税务的、应对银行的以及自己真正经营情况的账目，企业通过各种方式随意更改自身财务信息，夸大经营情况，使银企之间的财务信息不对称的问题凸显。

（2）企业关联信息不对称

由于中小企业规模较小，经营时间较短，往往会出现一个阶段什么产品价格高、利润厚就在这一段时间经营某一产品的情况，中小企业多为家族式企业，家中几个亲属各自经营某一领域的业务，但共享相同的渠道，甚至共用一个资金池，因此这几个企业之间有着非常紧密的关联关系，但这种关联关系在征信上往往是无法查到的。这种关联公司的存在使得企业资金的流动情况非常模糊，某些企业为了夸大自己的经营规模，采取与关联企业互相频繁转账可以增加现金流量的办法，关联企业法人之间非常亲近的关系，导致这些企业从容地利用一两笔资金从而从容地增加现金流水量，扰乱信贷人员的考察，最终达到获得银行贷款的目的。然而这些关联企业如果有一家发生了经营风险，如银行突然断贷或者遭遇诈骗等资金缺口的情况，导致其资金链中的一环断裂，则会产生多米诺效应的集体崩塌，使银行的贷款资金造成巨大风险。

2. 审批人员与信贷人员的信息不对称

在中小企业贷款调查阶段，商业银行大都采取由信贷人员进行实地调查，并将调查结果形成报告进行报送审批的模式。但是一线信贷人员的业务水平职业操守等因素对贷款调查结果的影响都是难以具体估计的，这便体现了审批人员与一线信贷人员的信息不对称问题。在日常的贷款审查中，个别信贷人员为了业务绩效或是完成贷款任务，刻意隐瞒和过滤企业的经营风险或是夸大企业的经营规模也是商业银行经营中屡见不鲜的，这种原因导致贷款产生风险是非常可惜的。由于中小企业贷款的情况比较复杂，必须经过信贷人员的深入调查才能对其经营情况、关联情况、担保情况等有一个较深入的了解，无法简单地通过人工智能等先进手段来代替信贷人员的功能，因此解决审批人员与信贷人员之间的信息不对称问题在提升商业银行贷款质量中的作用至关重要。

三、H 银行哈分行中小企业贷款风险控制的改进对策

（一）加强各方面数据信息的融合

在当前形势下，商业银行通过大数据手段增强自身信贷风险控制能力势在必行，H 银行在基于大数据技术的风险控制的研究方面尚属于起步萌芽阶段，H 银行想要加强各方面数据信息的融合则需要建立 H 银行大数据体系，该体系思路如图 6-11 所示。

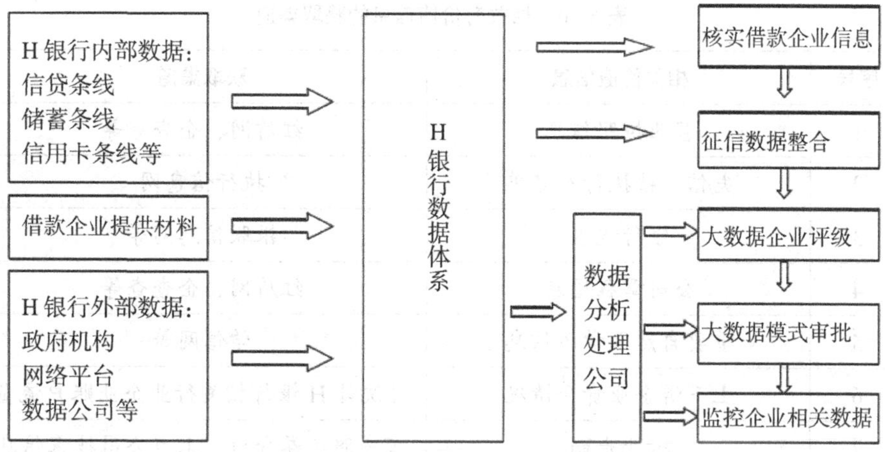

图 6-11　H 银行大数据体系图

通过融合各方面的数据来细化对企业的贷前调查的优势主要体现在，能更精确地核实贷款材料的有效性，初步贷前调查的核实方法将从原来模糊的、概念化的、经验化的核实方法变为更加客观、准确、数据化的核实方法，而想要获得这些相关数据，加强各方面数据信息的融合显得至关重要。

在现今数据信息蓬勃发展的背景下，通过多方数据平台进行贷款材料信息核实已经成为一种大趋势，针对目前核实企业信息手段单一、数据单薄的问题，H 银行应该建立与互联网数据公司的合作机制，共同研发数据平台系统以提升信贷材料的准确性和效率性。H 银行应积极对现有获取企业信息体系进行改进和创新，打破传统的信息数据界限，通过各种线上以及线下渠道尽可能多地获得数据信息，将线上线下获取的数据信息进行比对，以提升中小企业贷款信息的准确性，这就需要在整理好 H 银行内部信息数据的同时不断丰富外部信息的渠道和数据类型。

H 银行应与各方面第三方数据公司进行合作，将这些不规律的、不完整的、不易搜集的数据搜集起来，来提升中小企业贷款信息的准确程度，并将 H 银行内部数据信息与外部第三方数据信息进行互通互联，最大限度地提升贷款企业信息的完整性。H 银行应将现有的信贷录入系统模式改造为客户信息反现模式，即输入客户基本信息后，系统自动反现从线上渠道获取企业的基本情况，这一步只需 H 银行与“红盾网”或者“企查查”等相关企业信息公示网站联网即可，如出现线上渠道获取的相关企业信息与借款企业提供的相应信息不一致的情况，则需要信贷人员提供佐证材料进行证明方可按实际真实情况修改反现内容。获取信息渠道如表 6-10 所示。

表 6-10　相关有价值信息的获取渠道

序号	相关价值信息	获取渠道
1	营业执照信息	红盾网、企查查等
2	失信、被执行人名单	执行信息网
3	银行流水	银联信息网等
4	公司章程信息	红盾网、企查查等
5	重要自然人学历信息	学信网等
6	上下游企业资金情况	可统计 H 银行相关行业企业账户流量
7	行业走向	可参照证券分析，上市公司披露信息
8	纳税情况	金税工程系统

当H银行信贷人员准确录入企业名称和相关证件种类及相关证件号后，该系统将自动反现企业基本情况，如企业成立时间、法定代表身份、允许经营的范围、证件到期时间、股东结构等信息。

如遇到某些借款企业需要提供特种行业许可证的情况，如生产许可证、工程建设许可证、办学许可证等，该系统会自动提取已与该系统联网的相应监管网站的数据，自动在系统内反现该企业被允许的经营范围，企业特种业务许可的到期日，是否及时年检，如果未按时年检是否已办理年检展期业务等相关内容。

银行流水是核实企业收入的重要材料，信贷人员通过对银行流水的计算可以对借款企业的现金流是否充裕做基本判断，银行流水的真实程度决定着初步审查的准确程度。H银行可以通过与银联公司的合作，从银联公司数据库中获取借款企业银行流水的相应数据，可以在该企业提供的银行流水内随意选取几条或十几条交易信息，依次录入信贷系统中，该系统能够将这些银行流水数据与数据库中的企业银行交易记录进行核对，信贷人员可以通过该系统的辅助核对交易记录中的时间、地点、金额、交易对象等与数据库中的交易数据是否完全吻合来判断借款企业所提供的银行流水的真假。

在系统内录入企业内部重要自然人如企业法人、实际控制人、重要股东等的信息时，采用同样的方法，信贷经理在系统中准确录入自然人个人信息后，该系统将自动反现该自然人的出生年月日、证件到期日期、家庭住址、户籍地址、受教育情况等重要信息，如系统联网反现结果与客户提供的身份佐证材料和客户自述产生差异，则需要信贷人员进一步认真核实该客户的信息真伪情况，核实后若发现系统中客户信息有误，则需要提供相应佐证材料进行修改，以达到数据互联互通的效果。该次系统升级将通过H银行内外数据的互联互通大大提升H银行中小企业贷款信息核实的准确性和严肃性，降低银行与企业之间的信息不对称程度，同时也将在很大程度上减轻H银行信贷人员的工作负担并提高银行信贷经理的工作效率，使H银行信贷工作人员能够通过熟练运用该系统达到降低中小企业信贷风险、提升中小企业贷款办理效率的良好作用。

（二）推动人行征信与网络行为数据整合

针对H银行判断企业信用情况过于依赖人行征信系统的情况，H银行应该将内外部信用信息结合起来，内部将各条线信用信息进行整合，外部与互联网征信企业加强合作形成战略互助关系，使H银行对借款企业信用考察的方式更加科学严谨。

1. 内部信用信息整合

目前H银行可获取的中小企业客户的内外部数据信息量并不丰富完整，从内部来看，银行在日常经营中积累了大量的有价值数据，如运营条线的内部数据涉及客户的基本信息、财务信息以及在H银行账户的结算情况等一系列有价值的数据，从内部结算情况的数据可以获得中小企业银行流水的汇款方、收款方等的具体转账信息，从这些信息可以初步判断企业的民间借贷情况。在个人金融条线、H银行内部会产生中小企业的重要自然人如法人、大股东、实际控制人的个人消费类贷款的征信情况，以及从人行征信获得不到的自然人还款习惯等有价值的信息；但是这些内部数据由H银行不同的业务条线所产生，中小企业对公账户的相关信息存在于运营条线，个人贷记卡和贷款的相关信息又存在于个人信贷业务系统，这些数据信息同时又被各自的业务条线分别进行着日常的维护和管理，并未进行有效的数据互联互通工作，导致各个条线的数据各自为战，数据没有流通起来。针对这种现象，H银行必须先从内部做起，借助大数据现今蓬勃发展的契机，推动H银行内部各条线信用数据的整合，在数据公司和软件公司的帮助下建立H银行内部的大数据平台，打破条线之间的“信息壁垒”，实现H银行内部各条线数据的互联互通和统一管理。先从内部入手即把借款企业及个人与H银行所产生的相关数据汇总起来，从企业信用的角度进行判断，以达到能够初步判断借款企业是否存在民间借贷以及判断借款企业重要自然人的还款习惯及消费习惯的目标。

2. 外部信用信息搜集

从外部看，当前H银行可以获得的外部企业信用数据主要包括法院的执行数据，企业和个人的征信信息，但这些信用数据远远满足不了大数据时代下中小企业信贷智能化、精细化、全面化的需求。在大数据背景下H银行应该充分利用自身的地域、客户政策等优势，加强与互联网征信机构的合作，进一步从外部互联网上的征信数据库，实现信息共享。一方面互联网征信公司有较强大的大数据和云计算技术，如腾讯、百度、阿里、苏宁等互联网机构都在研发或已经拥有自身的信用数据平台，可以实现对收集来的碎片化信用信息进行关联分析、交叉检验以及核实，并且可以获得网贷的相关信息，如金额、年限、信用记录等，同时可以获取P2P相关信息，可以有效地甄别小微企业可能隐瞒的负面信息，对企业的真实信用情况做一个全面的刻画。对于企业重要自然人，H银行应结合“花呗”“蚂蚁”等互联网消费金融公司，获取借款企业重要自然人的相关消费习惯，获取其信用记录和消费习惯的相关分数，来判断借款企业相关重要自然人的资质。另一方面整合多渠道的外部数据，如政府机构、金融结算平台等多年积累的中小企业经营的相应数据，这类数据可以较为真实全面地反映中小企业的基本概况、生产经营情况等，这类数据比较规范，可信程度非常高。还可以借鉴互联网、移动网络、社交网络等新兴数据载体所产生的客户相关的有价值的信息。

随着手机、计算机功能的不断强大，互联网的利用几乎是每时每刻的，人们在互联网上留下的数据量也越来越大，互联网越贴近人们的生活就越容易从互联网上的行为来判断其性格习惯等，这为弥补人行征信所留下的借款人社会行为调查空缺提供了选择，互联网大数据能够帮助银行更加全面地刻画目标客户。

（三）开发大数据评级系统

1. 利用大数据手段增强定性定量分析的准确性

（1）防范定性数据不准确

目前阶段，在企业评级的定性分析上，H 银行的相关审查审批在很大程度上依赖于借款企业的自述以及信贷人员的经验进行判断和填写，而对定性分析中的行业走向、区域政策以及产品竞争力、区域内行业地位等项目的打分更是以企业提供和信贷员主观的审核作为评判标准，导致企业评级系统难以客观地对借款企业进行定性打分，导致定性分析不准确的事件时有发生。大数据时代下，H 银行可以通过建立内部数据平台，联合互联网征信购买数据公司以及信息公司的有价值数据等方法来验证企业所提供的内容，将原有的模糊的定性分析模式清晰化，使企业评级系统对定性分析的相关指标的打分有据可依。目前企业评级系统仍有部分指标无法有效地通过大数据手段清晰化，而作为一个完整的企业评级系统这样的指标又是不可或缺的，面对这种情况该系统将有数据作为支撑的考察项目的权重适当加大，使定性分析更加准确。

（2）防范定量数据不准确

面对企业所递交的财务报告，H 银行信贷人员需要通过个人的信贷经验和相关财务知识判断借款企业的财务情况真伪，但对于哈尔滨地区的中小企业而言，中小企业的财务制度健全程度一般，与大型企业无法相提并论，而个别中小企业更是出现了为获得贷款而编制虚假财务报告的情况。

针对这样的严重的信息不对称，大数据技术可以在一定程度上缓解这种情况。借款企业所提供的每一组财务数据都不是孤立的，它必然会受到行业整体环境、上下游企业经营状况等必备环节的影响。在信息比较封闭的年代，H 银行只能通过企业提交的财务报表等信息加上信贷人员的信贷经验对财务信息进行判断。但是如果H银行与“国云数据科技公司”等专业收集企业经营信息的大数据公司进行合作，支付一定的费用，将企业的财务信息纳入整个企业的生产经营链条中进行全面考察就可以增大发现财务数据造假的可能性。例如，在进行企业评级系统的操作时，信贷人员将企业财务信息录入完成后，系统会自动测算出借款企业的主要财务指标，并参照行业、地域、规模等对借款企业所提供的财务指标进行分析，其分析结果可以与大数据分析公司提供的该行业的平均财务指标进行对比，如某项指标与借款企业所处行业的平均指标相差过大，系统就会产生预警信号提示信贷人员着重关注该项指标的真伪。例如，借款企业的下游企业所处行业普遍整体需求减少，而借款企业的当期报表显示其收入和利润都有显著上升，则系统会自动产生预警信号提示信贷人员着重考察借款企业与其产业链财务指标不相符合的原因。

中小企业单独针对银行的财务报表进行造假的成本较低，相对容易，但是编制一组成套的财务数据应对银行的大数据检验的成本会有很大上升，并且在技术上也是很难实现的。这也会使得中小企业提供给H银行的报表的真实性有很大提升。H银行应与大数据公司联合开发新的企业评级系统，针对中小企业财务数据和相关财务指标从各个方面进行横向对比，对比结果可以自动匹配企业财务数据的真实程度，对异常数据进行预警，再由人工判断借款企业的真实经营情况，从数据源头上提高企业评级的准确性。

2. 利用大数据手段建立动态评级系统

H银行对已有贷款存量的中小企业评级的频率无特殊情况时为一年一次，每次评级的有效期为一年，但是在当前的经济形势下，尤其是哈分行所处的东北地区，企业的发展速度越来越快，企业经营产生变数的可能性越来越高，每年一次的企业评级对当前的经济形式来讲难以很好地达到H银行实时掌控借款企业经营情况的目的，为了跟上企业发展的进程，H银行必须时刻对借款企业所处的内外部环境的好坏做出判断。大数据技术的发展，为动态调整中小企业评级结果提供了可能。H银行应与大数据公司合作，在现有企业评级系统的基础上更新完善企业动态评级功能，建立动态评级模型，随时抓取与企业经营相关的各类信息，并将这些数据信息录入模型中，评级系统所输出的结果随着录入信息的改变而随时变化，做到评级动态调整。由于借款企业的财务信息一般都以季报年报的形式出现，借款企业时常会采用时点冲刺的方法来扩大企业经营规模，故意抬高企业评级结果。而大数据技术在H银行企业评级系统中的应用使企业相关的经营数据产生了很强的延续性，降低了企业在时点造假的可能性。H 银行建立动态评级模型相当于实时掌握了中小企业上游下游甚至整个产业链的发展情况，更容易获得准确、严谨的评级，对于 H 银行的中小企业信贷风险控制来讲会起到十分重要的作用。

（四）构建大数据模式审批

1. 创建多维度审批模式

当前形势下面对互联网上的海量数据，H 银行原有的“审贷分离”“双人调查”“建立审贷小组”等传统审批手段已难以适应当前的信息量和数据量，H 银行需要通过大数据手段建立更加完善的审查授信机制。根据行业内先进银行在授信审批实践中的经验以及结合对 H 银行自身情况的研究，建议将原本规律性较低、范围较大的审批模式归纳为由几个重要考察内容所构成的多维度审查审批体系，在中小企业贷款中主要分为四个方面。

①重要自然人，涉及与企业经营相关的自然人的考察，包括资产状况、资金实力、守信程度、社会行为等内容。

②企业经营行为，涉及企业财务情况、企业上下游情况、负债情况、回款周期情况、失信被执行情况等内容。

③企业背景情况，涉及企业的行业规律、经营历史、关联企业、渠道来源、竞争对手等内容。

④担保情况，涉及企业所能提供的担保，包括抵押、质押、保证等内容。

选定维度之后，需要针对所有维度提供数据给审批人员进行参考。通过大数据筛选出符合以上维度特点的企业的风险特点，以及每一维度的风险估值。

首先，审查要对信贷人员录入的信息、提供的调审报告以及企业评级结果做数据上的整合。将以上三类相关数据传送至审批人处，审批人将通过 4 个步骤完成对贷款信息的甄别和审核。第一步，采用数据对比的方式将信贷人员提交的相关企业信息以及企业评级结果与 H 银行内部数据以及数据分析公司的同行业、同类型、同规模的企业的各项指标进行对比。第二步，设定超出同类型企业一定指标比例的预警机制，预警阈值设定为 50%，即借款企业有某项或多项指标超出其同类型企业指标平均值的 50% 会产生预警提示，审批人将对产生预警的指标做进一步的核实，并发掘原因，如某借款企业的利润率高出其同类型企业平均利润率的 50%，则审批人需要了解产生这种现象的具体原因，再根据实际情况做下一步的判断。第三步，审批人确定超出阈值的指标的合理性，确认信贷人员所提供信息的准确性后，确认信贷人员提供信息的有效性，系统将对企业信息以及企业评级内容汇总打分，从而对企业的经营情况做出档次，分为A、B、C、D四个档次。第四步，审批人将结合企业提供的担保情况对企业担保情况给出档次，如抵押类和质押类的担保方式担保力度较强，抵质押品的抵质押率低也会为担保能力加分，而互保、联保类的贷款担保力度偏弱，系统会根据信贷人员的判断对提供企业进行评级，评级结果越好则保证类贷款的担保力越强，以此为规则为担保情况做出A、B、C、D四个档次，最终依照系统综合对经营情况和担保情况的判定，给出该笔贷款的审批倾向。

2. 加强大数据人才的引进与培养

H银行想要建设自身的大数据审批辅助系统就必须有相应的人才作为基础，在引进和发掘大数据人才的同时还要培养审批授信人员的大数据风险控制意识。在引进人才时要加大资金投入，寻找最专业的团队来攻克技术难关，促使大数据人才与风险控制人才多沟通多交流。力争打造一支专业性强、可塑性强，在技术上严谨、在业务上精通的跨条线复合型专业人才队伍。同时加强对基层信贷人员的培训，使其在新系统上线之日能够灵活地利用大数据系统防范风险，同时又能给技术团队提供建议，最终达到H银行各层面各条线通力配合不断完善大数据风险控制系统的效果。

（五）企业相关数据实时监测

贷后管理是H银行中小企业风险控制的重要手段，H银行现有的传统的贷后管理方法由于其技术上的局限性很难在第一时间发现企业风险，而大数据技术的不断成熟使银行对于企业贷款发放后生产经营情况的动态监测成为可能。H银行应通过对内外部数据的整合与分析，通过大数据手段建立预警信号数据库，将企业容易产生风险的因素进行归纳整合，纳入预警信号数据库中，并建立以预警信号为基础的大数据监测模型，将所有中小企业存量贷款纳入模型中，构建这种模型要比传统贷后方法更具有时效性和准确性，该模型能够实时跟踪企业的各项经营指标和信用指标以及企业重要自然人的风险指标。如果监测到企业经营指标脱离数据库中正常企业经营指标的安全范围，则该系统便会发出预警信号，提示信贷人员对该企业多加关注。同时为了保证不浪费人力、物力，该系统会通过数据库提取借款企业的信贷风险系数，根据系数的高低来设定贷后检查的频率，将数据作用最大化。例如，可以定期（10天左右）提取大数据平台中的企业相关数据，来监测企业的股权构成是否发生变化、现金流量的增减情况、上下游主要合作伙伴经营情况、水电费的缴纳是否有显著增减、是否产生了法律纠纷、是否产生了负面的网络舆情、重要财务指标是否变化、其所经营的行业是否在近期受政策等因素影响有较大波动、其对公账户是否有较大的进出款项、其季度报表的真实性是否与其所在行业的整体情况相吻合、其财务报表数据较上期的变化情况是否符合企业的基本真实情况等。面对企业的重要自然人，贷后风险控制系统能够动态监测自然人婚姻状况是否稳定、手机号码是否频繁更换、邮箱等是否频繁变更、其他金融机构贷款是否出现不良记录等。

根据以上内容，通过内外部数据库的相应分析，分别针对每一项设定大数据风险控制值，当某一项达到控制值时应在系统内提示信贷人员对次风险控制进行关注，并核实其产生预警的原因是否合理。针对每一个借款企业设定风险阈值，当多项风险信号产生预警时，则会达到阈值标准，风险达到阈值标准则需要信贷人员进行现场检查，风险控制中心负责给出应对风险的相应对策，在最大限度上保证及时发现潜在风险并及时研究处理，尽量保证 H 银行信贷资金安全。

参考文献

[1] 刘树森. 论我国企业管理创新 [J]. 现代经济信息，2011（4）：41.

[2] 周琼婕. 企业管理创新的探究 [J]. 中国投资，2013（S1）：211.

[3] 钱颖. 试论我国企业管理创新的发展趋势及其途径 [J]. 价格月刊，2008（9）：81-83.

[4] 李文莲，夏健明. 基于"大数据"的商业模式创新 [J]. 中国工业经济，2013（5）：83-95.

[5] 张翠苹. 大数据时代背景下的现代企业管理的创新模式 [J]. 商场现代化，2015（28）：83-84.

[6] 周涛. 大数据时代下企业经营管理模式创新思考 [J]. 产业科技创新，2019，1（36）：117-119.

[7] 王白石. 基于大数据时代下企业管理模式创新的思考 [J]. 全国流通经济，2019（28）：36-37.

[8] 高彪. 大数据时代背景下企业管理模式创新对策探究 [J]. 商讯，2019（20）：88.

[9] 宋利军. 大数据时代企业会计信息化的风险及措施 [J]. 中外企业家，2018（26）：60.

[10] 何舒阳，李长山. 对大数据时代下企业会计信息化发展的思考 [J]. 中国商论，2017（36）：121-122.

[11] 张国栋. 大数据时代对会计和审计的影响对策探析 [J]. 时代金融，2018（5）：213-214.

[12] 赵彦武. 新形势下企业会计信息化中存在的问题及对策研究 [J]. 财会学习，2018（23）：87.

[13] 李晨. 对现代企业风险管理的探讨 [J]. 中国集体经济，2011（10）：82-83.

[14] 姜方. 现代企业风险管理相关问题研究 [J]. 中国集体经济，2009（7）：61-62.

[15] 赵原. 企业风险管理问题与对策 [J]. 合作经济与科技，2008（8）：59-60.

[16] 魏亮. 网络与信息安全标准研究现状 [J]. 电信技术，2006（5）：24-27.

[17] 胡贵生. 浅析企业信息化建设 [J]. 铜业工程，2008（2）：50-53.

[18] 陈慧勤. 企业信息安全风险管理的框架研究 [D]. 上海：同济大学，2006.

[19] 刘彦波. 企业信息安全风险评估方法的研究 [D]. 上海：复旦大学，2008.